양양

양주연
지음

양양

가족의 오랜 비밀이던
딸의 이름을 불러내다

프롤로그

과거라는 세계를 유영하는 ◇ 6

1. 이름 없는 가족

1. 우연한 발견 ◇ 15

2. 양씨 집안의 여자들 ◇ 22

3. 평범해야 해, 평범 ◇ 28

4. 이름도 얼굴도 몰랐지만 ◇ 34

5. 첫 번째 인터뷰 ◇ 44

2. 흔적 없는 흔적 찾기

1. 주인공을 촬영할 수 없는 영화 ◇ 55

2. 자살이라는 물음표 너머 ◇ 62

3. 두 번째 인터뷰 ◇ 67

4. 사라진 과거 ◇ 79

5. 이름의 시간 ◇ 85

6. 공부해야 하는 삶 ◇ 93

7. 사소하다는 말에 가려진 ◇ 102

3. 누군가의 빈자리를 응시하는 두 눈

1. 고모는 친구들의 기억을 통해 ◇ 111
2. 고모의 마지막 사진 ◇ 115
3. 공과대학 여학생 ◇ 123
4. 공개 연애 ◇ 133
5. 기록되지 못한 그날 ◇ 137
6. 드러나지 않은 죽음을 드러내는 일 ◇ 142
7. 고모의 마지막을 누가 말하도록 할까? ◇ 148

4. 가족의 시간을 다시 쓰다

1. 애도할 수 있는 죽음 ◇ 159
2. 호명되는 불편한 시간들 ◇ 166
3. 아빠에게 보내는 편지 ◇ 174
4. 프로덕션 베이비 용용 ◇ 186
5. 고모의 이야기가 시작이 되길 바라며 ◇ 192

에필로그

터져 버린 세상에 남아 ◇ 199

주 ◇ 205
추천의 말 ◇ 206

프롤로그

과거라는 세계를 유영하는

 "힘을 빼세요, 힘을." 물 속에서 온몸을 버둥거릴 때 물 밖에서 어렴풋이 들려오던 수영 선생님의 목소리를 기억한다. 앞으로 가기 위해 허우적거릴수록 이상하게 몸은 더 무거워지고 느려지고 있었다. 잠깐, 지금 내 몸에 힘이 들어가 있다고? 물 속에서 나는 내 모습을 볼 수도, 내 모습이 어떤지 누구에게 물어볼 수도 없었다. 의식적으로 힘을 빼려고 노력해도 그러기가 쉽지 않다는 걸 느꼈을 때, 난처했다. 투명하고 차가운 물 속에서 수영장 라인을 따라 몇 바퀴씩 돌면서 계속 생각했다. 어떻게 해야 몸에 힘을 뺄 수 있지? 그러고 보니 힘내라는 말은 참 많이도 들었지만, 힘 빼라는 말은 생소했다. 그때 알았다. 힘을 주는 것 이상으로 힘을 빼는 것이 얼마나 힘들고 어려운 일인지를. 어디로든 향할 수 있는 물과 함께 헤엄치는 일은 내 몸에 잔뜩 들어간 힘을 먼저 빼야만 가능하다는 것을 말이다.

 아득하고 모호한 과거의 시간을 접할 때, 투명하고 차가운

물을 떠올렸다. 잔잔했던 물이 내게 닿아 완전히 부서지며 새로운 방향으로 흘러가는 그 순간이 좋았던 것처럼, 지나 버린 시간이 현재와 만나 예상하지 못했던 서사로 흘러가는 것이 좋았다. 몰랐던 존재를 알게 되고, 나와 무관하다고 여겼던 무언가와 예상치 못하게 연결되기도 하는 순간. 그런 순간들 속에서 힘을 빼고 유유히 유영하듯이 살기를 꿈꿨다. 어쩔 줄 몰라 허우적거리며 무겁게 가라앉는 것이 아니라, 유연하고 아름답게 지나간 시간과 지금을 오가고 싶었다.

하지만 현실의 나는 힘이 잔뜩 들어가 있을 때가 많았다. 내게 고모가 있다는 사실을 처음 알게 된 밤도, 그녀가 가족 안에서 오랫동안 잊힌 존재로 머물러 있었다는 것을 알게 된 날에도, 고모와 나 사이에 존재할지도 모르는 연결 지점들을 떠올리던 순간에도, 막연한 불안감과 두려움이 나를 가라앉게 할 때가 많았다. 고모와 한 번도 만난 적 없고, 하마터면 그녀의 이름도 얼굴도 영영 모르고 지낼 뻔했는데도 말이다. 몸에 힘이 들어갈수록 어두운 심연으로 더욱 깊숙하게 가라앉고 있었다. 어떻게 해야 힘을 뺄 수 있을까? 이 생각이 오히려 나를 무겁게 하는 건지, 무거워지고 있는 탓에 이런 생각을 해야만 했는지 모르겠지만, 꽤 깊은 곳에 한동안 가라앉아 있었던 것은 분명했다.

그러다 혼자만 품고 있던 고모라는 존재를, 그 존재가 어지럽히는 나의 정리되지 않는 마음을 조금씩 주변에 털어놓기 시작했다. 가까운 친구들에게 꺼냈던 이야기는 어느새 아빠에게, 처음 만난 고모의 친구들에게, 여성단체 활동가에게, 기자에게, 작가에게 퍼져 가고 있었다. 고모라는 단어가 입 밖으로 소리가 되어 처음 터져 나갔을 때의 어색함과 떨림을 여전히 기억한다. 그 단어를 여러 번 말하게 되었을 때, 나는 불안에도 근육이 생길 수 있다는 걸 느꼈다. 근육이 생긴 불안은 더 이상 나를 해치지 않았다. 묵혔던 질문이 꺼내어지고 마음이 점점 고개를 들 때마다 몸은 더 가벼워졌다. 고모 이야기를 다큐멘터리로 만들어야겠다고 결심했던 것은 그즈음이었다. 고모의 존재를 알고 난 뒤 3년 정도 지난 때였다.

〈양양〉을 만드는 일은 늘 과거와 마주하는 일이었다. 한 번도 살아 본 적 없는 시간 속을 헤엄치는 일이기도 했고, 제작 기간이 늘어나 촬영된 소스들을 다시 보면서는 영상 속 과거의 나와 만나야 했다. '저 때 왜 저런 말을 했지?' '왜 그걸 그때 찍지 않았을까?' 과거를 마주한다는 건 끝없는 후회와 자책과 만나는 일이기도 했지만, 동시에 그때는 보이지 않았던 걸 다시 보는 여정이기도 했다. '저런 말을 하던 아빠의 마음은 어땠을까?' '나는 어땠지?' 나 자신이 등장하는 가족에 대한 다큐멘터리를 찍을 때, 과거는 나의 지나온 삶 전체로 확대된다. 때론 나조차

도 아득하고 낯선 그 시간 속에서 오랫동안 잊고 있던 내 마음들과 새롭게 만나게 되기도 했다. 그 순간은 당황스럽기도, 울컥하기도 했다.

이 책은 영화에서 다 말하지 못한 그 마음들에 관한 이야기이다. 그 마음들은 그동안 이야기하지 못했던 가족의 시간과도 이어진다. 오랜 시간 유지되어 온 가부장제라는 세계 안에서 '원래 그런 거지'라는 말로 퉁칠 수 없는 당연하지 않은 마음에 대해, '가족이니까' '가족이라서'라는 말로 수렴될 수 없는 구체적이고 개별적인 마음에 대해 쓰고자 했다. 화목하고 온전한 가족의 모습이 아니라 그 환상을 유지하기 위해 잊힐 수밖에 없었던 고모를 떠올리고, 기억하고 싶었다. 고모를 떠올린다는 것은 결국 고모가 그동안 왜 기억될 수 없었는지를 묻는 것이기도 했기 때문이다. 이 책에는 맏딸을 잃고 그 존재를 물을 수밖에 없었던 어느 가족에게서 수십 년 뒤 첫째 딸로 태어난 이가 오랫동안 잠들어 있던 질문을 꺼내며 다시 쓰는 가족의 시간이 담겼다.

이 시간이 세상 밖으로 나오기까지 많은 이들의 도움이 필요했다. 떠올리면 불편하고 아픈 기억이지만, 그럼에도 불구하고 딸의 질문을 외면하지 않은 아빠 양철원과 엄마 최혜선에게 가장 먼저 감사와 사랑의 마음을 전한다. 두 분을 통해 나는 회피하지 않는 마음과 사랑을 전하는 방법을 배웠다. 영화의 이야기를 책에 인용하는 것을 기꺼이 허락해 준 〈양양〉 제작진에게도 특별한 우정과 감사의 마음을 전한다. 영화를 만들 때도, 책을 만들 때도, 혼자 힘만으로 가능한 것은 없다는 것을 매번 깨닫는다. 〈양양〉과 함께 걸어 온 여정이 혼자가 아니었기에 더 멀리 볼 수 있었고 오래 걸을 수 있었다. 마지막으로 용용이가 태어난 이후 새벽 수유를 도맡아 하며 글쓰기를 응원해 주던 동지이자 남편, 고두현에게 사랑하는 마음을 남긴다.

  수영장에서만 헤엄치다가 처음으로 바다 수영을 나갔던 날이 기억난다. 멀리서 바라봤을 때 바다는 검푸르고 광활하게만 보였지만 한 발 한 발 가까이 다가가자 투명하고 분명하게 반짝였다. 두려움도 이와 마찬가지라는 생각이 들었다. 멀리서 볼 때는 꽤 강력해 보이지만, 하루하루 거기에 다가가 뭉쳐진 시간과 감정을 풀어 나가기 시작하면 두려움은 생각하지도 못했던 방향을 알려 주기도 한다. 때로는 누군가를 깊숙이 이해하게 하기도 하고, 때로는 가려진 슬픔과 만나게 하기도 한다. 과거를 헤매는 일은, 고모라는 존재를 알아 가고 내 안의 두려움을 응시하면서 여러 감정과 상태를 살피는 일이었다. 물속의 나는 어떤 날은 힘을 빼고 있기도, 또 어떤 날은 힘을 주고 있기도 했다. 허우적거리며 지칠 때도 있었지만, 그래도 물에 떠 있기를 그만두지는 않았다. 넓고 반짝이는 과거를 헤매다 언제고 예상하지 못했던 순간과 기쁘게 만날 날을 기다리며, 지금 이 순간에도 나는 아득한 물속 어딘가에서 물결을 가르고 있다.

일러두기

이 책에 실린 도판은 모두 영화의 스틸컷으로, 30쪽의 도판은 〈옥상자국〉(양주연, 2015)에서, 나머지 도판은 〈양양〉(양주연, 2024)에서 가져왔다.

1. 이름 없는 가족

1. 우연한 발견

 2015년 1월, 나는 대학교 졸업을 앞두고 있었다. 졸업 이후 어떻게 살아갈지, 어디에 있을지 아무것도 정해진 것이 없었다. 분명한 게 있다면 한 달 뒤 졸업 영화 상영회에서 작품을 선보여야만 한다는 사실뿐이었다. 그러다 보니 종강 이후로는 집과 편집실만 오가는 생활이 계속되고 있었다. 홀로 지내던 자취방과 학교 편집실은 불과 5분 거리였는데, 그 길을 수시로 드나들며 누구보다도 바쁜 시절을 보냈다. 끼니는 어떻게 해결했는지, 누구를 만나서 어떤 대화를 나누었는지, 하나도 기억이 나지 않는다. 다만 늦은 밤 집으로 향하는 길이 어둡고 추웠다는 것만 떠오른다. 인적이 드문 새벽 종종 얼어 있던 길의 표면, 집에 돌아와서 부랴부랴 틀던 보일러, 한참이 지나서야 조금씩 돌기 시작하는 바닥의 온기.

 그날도 그런 밤이었을 것이다. 학교 편집실에서 빠져나와 집으로 향할 때면 거의 땅만 보며 걸었다. 꽁꽁 얼어붙은 길 위에서 넘어지지 않으려고. 그렇게 도착한 집에서 보일러를 틀고,

형광등 대신 주황빛 조명을 켰다. 환한 빛보다는 약간의 어둠이 친근했다. 어둠에 몸을 기대고 멍하니 핸드폰을 보고 있을 때였다. 정적을 깬 건 갑자기 걸려 온 전화의 진동 소리였다.

'아빠다!' 화면에 발신자의 이름이 떴다. '이 시간에?' 제일 먼저 드는 생각이었다. 이어서 받을까 말까 하는 고민이 잠시 스쳐 갔다. 아빠는 종종 술에 취해 전화를 걸었는데, 해가 진 이후 걸려 오는 전화는 십중팔구였다. 나는 취중인 아빠와 대화를 나누는 걸 좋아하지 않았다. 어릴 때부터 아빠는 종종 퇴근길에 술을 마시고 귀가했고, 그때마다 상대방의 눈을 쳐다보지도 않고 자신의 슬픔과 서러움을 뱉어냈다. 그런 아빠를 이해하기에 나는 너무 어렸고, 또 할 수 있는 말도 별로 없었다. 맨얼굴 같은 아빠의 감정을 꼼짝없이 마주할 때면 어찌할 바를 몰라 어디로든 도망가고 싶었다. 어둠 속 걸려 오는 아빠의 전화는 싫었던 그때로 나를 데려가곤 했다. 그래서 그토록 광주를 떠나고 싶었던 걸까? 가족들이 있는 집을 떠나고 싶어서? 어쩌면 가장 떠나고 싶었던 건 내가 감당할 수 없는 아빠의 비틀거리는 슬픔이었을지도 모르겠다.

그날 아빠의 전화는 꽤 오랜만이었다. 그래서 더 당황스러웠다. "응, 아빠." 몇 번의 진동을 흘려보내고 고민 끝에 전화를 받았다. 혹시라도 정말 급한 일이 생긴 것일지도 모르니까. 예상이 적중한 듯 핸드폰 너머로 혀가 풀린 목소리가 들려왔다. 순간 전화를 받은 걸 후회했지만 이미 통화는 시작된 뒤였다.

"주여나……"

혀가 꼬인 목소리가 내 이름을 불렀다.

"지금 어디냐잉."

"나 지금 집이지."

무심하게 답했다. '당연히 집에 있으니까 아빠 전화를 받았지'라고 쏘아붙이고 싶은 걸 참았다.

"별일 없지잉? 아빠가 술 한잔 했다잉."

"아빠는 어디야?"

조금 귀찮은 투로 물었다.

"나는 이제 집에 가는 길이야. 걱정하지 말어잉."

안심이 전혀 되지 않아 본격적으로 아빠를 추궁하기 시작했다.

"집 앞? 집 앞 어딘데? 몇 시까지 술 마셨어?"

걱정하는 나의 반응을 아빠는 다른 질문으로 이어받았다.

"주연아~ 너 졸업식이 언제지잉?"

"졸업식? 왜?"

갑작스러운 질문에 잠시 할 말을 잃었다.

"아빠가 졸업식 못 가서…… 미안하다잉."

"괜찮아."

최대한 담담하게 답했다. 늘 이런 식이었다. 평소 무심한 성격인 아빠는 술에 의지해야만 감정을 털어놓는 사람이었다. 혀가 풀린 아빠와 전화로 이야기를 나누고 싶지 않은 건, 멀쩡한 정신으로 생경한 모습의 아빠를 받아들일 준비가 안 되어 있기 때문이기도 하다. 그리고 언젠가부터 나도 아빠에게 내 감정을 털어놓지 않게 됐다. 광주와 서울의 거리만큼이나 아빠와 나의 사이도 벌어져 있는 것이 틀림없었다. 언제부터 이렇게 되었는지는 기억조차 나지 않았다.

"아빠한테…… 사실은 누나가 있었어."

그 순간 아빠의 고백이 내 귀를 때렸다. 누나라고?

"너에게는 고모지, 고모."

단 한 번도 예상한 적 없는 전개였다. 고모도 이모도 없이 작은아빠들과 외삼촌들만 있는 나에게 아빠는 지금 고모가 있다고 말하고 있다. 아니, 그런데 그걸 왜 지금 말하지?

"고모는 지금 어디 있어?"

당황스러웠지만 동시에 매우 흥미로웠다. 존재조차 몰랐던 가족을 우연히 알게 되다니. 사실 아주 어릴 적 고모나 이모가 있는 친구들을 부러워했다. 고모나 이모가 있다는 건 어떤 느낌일지 궁금하기도 했다. 그런 나에게 아빠는 여자 형제가 있다는 사실을 처음으로 알려 준 것이었다. 호기심과 반가움, 왠지 모를 불길함, 그리고 긴장감. 여러 감정이 스쳤다.

고모는 어디 있냐는 질문에 아빠의 긴 침묵이 이어졌다.

"자살했어⋯⋯. 대학 졸업식 전에."

뭐라고? 불과 몇 초 전의 반가움이 불길함과 찝찝함으로 변했다. 혹시 아빠가 술기운에 잠꼬대 같은 말을 하는 건 아닐까? 그게 아니라면 아빠는 왜 졸업을 앞둔 나에게 갑자기 가족의 비밀을 말하는 걸까?

"고모 이름이 뭐야?"

몇 초간의 침묵 뒤 아빠가 말했다.

"주연아, 너는 고모처럼 되지 말아라."

예상하지 못한 대답이었다. "양씨 집안의 여자들은 모두 불행했으니까." 이어지는 아빠의 말을 그저 멍하니 듣고 있었다. 그날 아빠는 어색한 침묵 속에서 먼저 전화를 끊었다.

'고모처럼 되지 말아라.' 전화를 끊고 난 뒤에도 아빠의 말이 자꾸 맴돌았다. 무슨 뜻일까? 아빠는 왜 고모의 이름을 말해 주지 않았을까? 대화는 끝났지만 의문과 혼란이 걷잡을 수 없이 휘몰아치고 있었다.

한편, 아빠의 그 말은 오래전 감추어 둔 내 마음을 다시 꺼내게 하는 말이기도 했다. 누구에게도 들키지 않으려고 마음 깊숙한 곳에 숨겨 두고 있었던 마음이었다. 인생에서 한 번 진지하게 죽고 싶다고 생각했던 때가 있었다. 지금 생각해 보면 너무도 어렸던 스물두 살의 나이였다. 그 당시 나는 첫 번째 대학을 자퇴하고서 방황하고 있었다. 전공을 잘못 선택했다는 자괴감과 앞으로 뭘 해야 할지 모르겠다는 무력감이 몸과 마음을 깊숙하게 지배했다. 인생에서 처음으로 스스로 내린 결정에 대한 실패의 무게를 느낀 시간이었다. 그 무게를 감당하기가 너무 벅차서 도망가고 싶다는 생각이 들었다. 어떻게 죽을지 고민하는 편이 덜 우울하게 느껴졌다.

하지만 나는 그걸 실행할 만큼 강하지는 못했다. 겨우 할 수 있는 건 약국에서 수면유도제 몇 알을 사서 한꺼번에 입속으로 집어넣는 게 다였다. 수면제는 병원에서만 처방받을 수 있는데 도저히 병원까지 갈 용기가 없었다. 수면유도제를 먹고 잠이 들면 뒤척이기만 하다가 오히려 뜬눈으로 아침을 맞았다. 죽고 싶은 밤과 자고 싶은 아침이 번번이 교차했다. 어떻게 그 아득한 시절을 지나왔을까?

이제 나는 잘 살고 있는 걸까? 잘 살게 된 걸까? 자살에 관한 생각도 하지 않고 수면유도제도 먹지 않게 된 나는, 더 이상 어떻게 살아야 하는지 고민하지 않는다. 하루하루 오늘 해야 하는 일과 내일 해야 하는 일만 생각하고 있을 뿐이다. 그런 나에게 이름도 얼굴도 모르는 고모가 자꾸 말을 걸어 왔다.

자살했다고? 왜? 대학교 졸업 전이니까 70년대였던 건가? 사고를 당했나? 무슨 일이 있었나? 전공은 뭐였을까? 근데 아빠는 왜 지금 와서 나에게 고모 이야기를 꺼내지? 내가 걱정이 되나? 고모처럼 되지 말라는 말은 무슨 의미지?

'고모'와 '자살'이라는 두 단어가 머릿속에서 떠나질 않았다. 창문을 열자 차가운 공기가 일순간 얼굴에 부딪혔다. 길은 아까보다 더 꽁꽁 얼어붙은 것처럼 보였다. 온도가 내려갈수록 밤은 더욱 선명해졌다. 고모는 어떤 사람이었을까? 무엇보다 아빠의 긴 침묵이 마음에 걸렸다.

막연한 호기심인지 두려움인지 명확히 구분하기 힘든 감정으로 밤이 지나가고 있었다. 그날 밤엔 꿈도 꾸었는데, 처음 보는 한 여성의 실루엣이 내 주변을 계속 맴도는 꿈이었다. 이름도 얼굴도 모르는 사람이었다.

2. 양씨 집안의 여자들

"양씨 집안의 여자들은 모두 불행했다."

고모의 존재를 처음 말해 주던 밤, 아빠는 나에게 분명 '양씨 집안의 여자들'이라는 표현을 사용했다. 처음에는 그 말을 대수롭지 않게 넘기려 했다. 버릇이 되어 버린 오래된 표현으로 여기면서 말이다. 아빠는 평소에도 여성과 남성을 단순하게 유형화하는 표현을 종종 사용했다. "여자들은 말이야"로 시작하는 아빠의 잔소리는 "남자들은 원래 그런 거야"로 끝나곤 했다. 그런 말을 들을 때면 나도 모르게 눈썹과 눈썹 사이에 힘이 들어갔다.

"아빠, 왜 그래야 하는데? 꼭 그렇게 말해야 하는 거야? 그런 표현은 불편해. 모든 여자들이 다 그래야 하는 건 아니지 않아?"

나의 대꾸에 아빠의 마음이 상할 때도 있었다. 때론 역정을 내기도 했다. 아빠와 나 사이의 대화는 늘 그런 식이었다. 그렇게 아빠는 나에게, 나도 아빠에게 서로 이해할 수 없는 존재가 되고 있었다.

그런데 그날 밤의 그 말은 조금 달랐다. "양씨 집안의 여자들은 모두 불행했다"라는 아빠의 말을 듣고 나는 어쩐지 아무 말도 하지 못했다. 언제나처럼 그 말에 반박하거나 아빠에게 반문하지 못했다.

아빠의 말에 나는 새삼 양씨 집안의 여자들을 돌아보고 있었다. 그 얼굴들에는 2014년 세상을 떠난 할머니도 있었다. 어린 시절을 떠올리면, 할아버지 곁을 지키던 할머니의 모습은 기억나지만, 할머니의 목소리는 잘 기억나지 않는다. 슬프게도 할머니가 어떤 생각을 하는지, 무엇을 느끼는지 할머니와 자세히 대화를 나눈 적이 없었다. 그 시절을 떠올리면 할아버지의 커다란 목소리가 주로 떠오른다.

아들이 귀했던 시절, 위로 누나를 셋이나 둔 삼대독자로 태어난 할아버지는 어릴 때부터 죽는 순간까지 늘 가족의 중심에 있었다. 철도청 공무원으로 평생을 일하고 정년 퇴임을 한 뒤 할아버지의 일상에서 가장 중요한 것은 가족 행사였다. 위로는 양씨 집안의 조상들을 챙기는 제사가, 아래로는 후손들을 불러 모아 치르는 가족 식사가 주말마다 있었다. 가족들이 모일 때마다 할아버지가 좋아하는 고기와 술이 식탁 위에 빠지지 않았다. 제사상과 음식상을 준비하던 할머니는 어떤 마음이었을까? 뒤늦은 질문으로 이제 와 할머니의 마음을 헤아려 본다.

영화 〈82년생 김지영〉에서 인상 깊게 본 장면이 있다. 제사상으로부터 멀리 떨어져 부엌에 서 있는 '지영'과 그런 그녀보다 앞에 서서 제사상을 향해 절을 하는 남자들이 대비되는 장면이다. 명확하게 다른 이 위치를 카메라는 계속 응시한다. 나는 '지영'의 얼굴을 바라보았다. 누군가에게는 익숙할, 또 누군가에게는 어색하고 낯설 표정이었다. 그 표정을 보며 어린 시절의 기억을 떠올렸다.

어린 나는 맛있는 음식을 먹고 가족들과 반갑게 만날 수 있는 명절과 제삿날을 좋아했다. 오랜만에 만난 사촌 동생들과 놀이터에 가서 신나게 놀기도 하고, 늦은 밤이 되기를 기다리며 함께 TV를 실컷 보기도 했다. 그날은 할아버지와 할머니, 가족들이 한자리에 모여 밥을 먹는 날이었고 한자리에 모인 가족들은 오랜만에 안부를 물었다. 그 시끌벅적한 분위기가 좋았다. 열 명이 넘는 규모이다 보니 거실 한가운데 펼칠 상이 두 개 필요했다. 가장 커다란 상의 중앙에는 늘 할아버지가 앉았다. 나와 사촌 동생들, 엄마와 작은엄마들은 자연스럽게 그 옆의 작은 상에 둘러앉았다. 작은 상은 부엌 바로 앞에 놓였고 며느리들은 밥을 먹으면서도 계속해서 큰 상을 살폈다. 부족한 반찬은 없는지, 안주가 필요하진 않은지. 들뜬 분위기 한편에 요란하지 않은 기웃거림이 마음 어딘가에 남아 있었다.

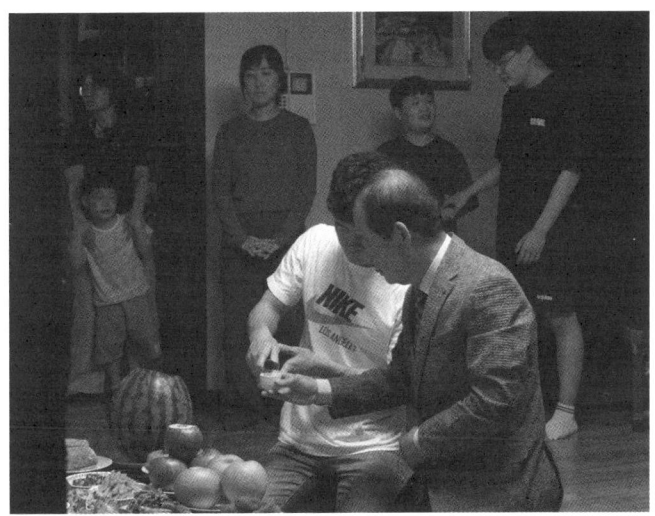

해마다 돌아오는 양씨 집안의 제사상 앞에 비스듬히 서서 제사 풍경을 바라보는 주연의 모습.

　제삿날 가족들은 모두 각자의 위치에 선다. 제사상 가까이에는 할아버지와 장남인 아빠가 서 있고, 그 바로 뒤에는 양씨 집안의 장손인 남동생이 서 있다. 나는 부엌 앞에서 제사상을 향해 정면이 아닌 측면으로, 엄마 옆에 서 있다. 그 자리에 서서 남동생이 아빠에게 조상에게 술 따르는 법과 제사의 순서를 배우는 모습을 보곤 했다. 나도 모르는 사이 양씨 집안의 조상에게 예를 갖출 수 있는 사람은 내가 아니라 남동생이라는 것을 이미 학습해 버린 것이다. 그때 나의 얼굴은 〈82년생 김지영〉의 '지영'과 닮아 있었을까?

집안에서 제사는 늘 중요한 행사였다. 할아버지, 할머니가 돌아가신 지금은 합동 제사라는 이름으로 1년에 한 번 제사를 지내지만, 내가 어렸을 때는 제사를 더 자주 치렀다. 제삿날이면 할아버지는 안방에서 제례복으로 갈아입고 나왔다. 무릎까지 내려오는 검은색 한복 두루마기였다. 그리고 정성스레 한자로 조상들의 이름을 지방 용지에 써 내려갔다. 아빠와 작은아빠들도 늘 정장을 입고 있었다. 반면 엄마의 복장은 점점 더 편한 옷으로 바뀌었다. 더 정확히 말하자면, 일하기 편한 복장으로 말이다. 엄마에게 제삿날은 10인분 이상의 음식을 준비해야 하는 노동의 시간이었다.

언젠가 성당을 열심히 다니시던 할머니가 할아버지에게 제안을 한 적이 있다. 제사상에 한자로 쓴 지방이 아니라 조상들의 얼굴이 담긴 사진을 두면 어떠냐는 것이었다. 읽고 쓰기 힘든 한자보다는 조상들의 얼굴을 직접 보고 이야기하는 것이 더 좋을 것 같다는 의견이었다. 나는 할머니가 할아버지에게 무언가 제안하는 모습을 그때 처음 봤다. 할머니의 제안에 주변은 일순간 조용해졌다. 하지만 정적은 오래 가지 못했다. 몇 분 뒤 할아버지는 단호히 제안을 거절했다. 실망한 표정이 어리던 할머니의 얼굴이 기억난다. 제사는 할아버지를 제외하고는 누구도 개입할 수 없는 성역처럼 느껴졌다.

제사 음식을 정성스레 준비해야만 하는 사람과 조상의 이름을 새기고 조상에게 술을 따를 수 있는 사람이 따로 정해져 있다는 것. 제사를 치르느라 부엌에서 바쁘게 음식을 준비하는 엄마와 거실 소파에 앉아 친척들과 담소를 나누는 아빠를 보며, 이 차이는 언제부터 생겨난 걸까 생각했다. 그리고 지금까지 가족 안에서 언급조차 되지 않았던 고모의 위치에 대해서도 처음으로 생각해 보았다.

당연하게 불행한 존재는 어디에도 없다. 양씨 집안의 여자들은 불행했던 것이 아니라, 자신들의 이야기를 할 기회가 없었던 것일지도 모른다. 고모의 삶에 가까이 다가갈 수 있다면, 고모의 서사는 달라질 것이다.

3. 평범해야 해, 평범

  어린 시절을 주로 외갓집에서 보냈다. 맞벌이 부부였던 엄마와 아빠는 세 살 터울의 남동생이 태어나자 나를 외갓집으로 보낼 수밖에 없었다. 대체로 희미한 기억이지만, 다섯 살까지 외갓집에서 생활하면서 아파트 생활에서는 경험할 수 없는 시간을 보낸 것만은 분명했다. 잠도 쉽게 들지 않고 밥도 잘 먹지 않던 나는 늘 외할아버지 손에 들려 있었다. 사람 좋고 다정했던 외할아버지는 예민하고 고집스러운 나를 한 손에 안고서 다른 한 손으로는 밥을 먹이거나 등을 토닥여 주곤 했다.

  1980년 1월에 지어진 외갓집은 외관상으로는 주거 공간이라기보다 3층짜리 상가 건물에 가까워 보였다. 외할머니, 외할아버지는 1, 2층은 세를 주고 3층에서 주로 생활했다. 호남 제일의 전통시장이라는 양동시장에서 오랫동안 한복 장사를 했던 외할머니가 아껴 모은 돈으로 지은 집이었다. 나는 외갓집의 사계절과 함께 어린 시절을 보냈다. 그때의 사진을 보면 나는 주로 3층 현관문 앞 복도에서 각종 화분들과 함께 있거나, 3층과

바로 이어진 옥상에서 세발자전거를 타며 놀고 있다. 장난감이 많지도 놀이터가 가깝지도 않았지만, 외할아버지, 외할머니와 함께 보낸 어린 시절이 특별했다.

성인이 된 후 다시 외갓집을 찾았을 때 모든 것은 더 낡고 줄어들어 있었다. 변하지 않은 것이 있다면 정해진 시간에 일어나서 아침을 먹고 신문을 보고 라디오를 듣다가 경로당을 다녀오는 외할아버지, 외할머니의 일상이었다. 그날 나는 두 분과 함께 네 평 남짓 되는 거실에 앉아서 복숭아를 먹고 있었다. 에어컨이 없는 외갓집은 여름에 현관문과 유리창을 활짝 열어 둘 때가 많았다. 그렇게 바람이 통하는 길목에 앉아서 나는 외할머니가 깎아 주는 시원한 복숭아를 한입 가득 물었다. 현관문 바로 옆에 놓인 손바닥만 한 라디오에서는 뉴스가 나오고 있었다.

"여기에도 있으야, 총알 자국."

라디오를 듣던 외할머니가 갑자기 내뱉은 말이었다.

"총알 자국이 어디 있어?"

외할머니는 두 손으로 계속 복숭아를 깎으면서 무심히 말을 이어갔다.

"저기 현관문 바로 맞은편에 있으야. 우리도 몰랐는디 그때 페인트칠하는 아저씨가 천장에 페인트칠하다가 발견했다고 말해 줬당께."

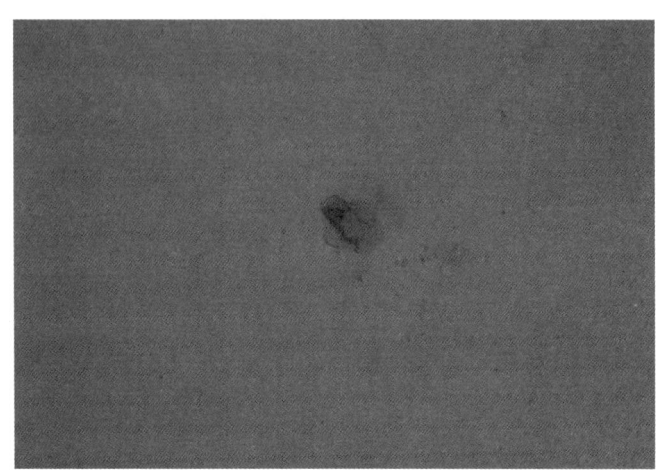
외갓집 현관문 맞은편 천장에 새겨진 총알 자국.

 순간적으로 열린 현관문 너머 복도 위쪽을 바라봤다. 그러고 보니 지금까지 늘 이 복도를 지날 때 화분이나 바닥을 쳐다봤지, 천장을 본 적은 없었다. "저기 있다!" 복도로 나와 총알 자국을 올려다보는 나에게 외할아버지, 외할머니는 대수롭지 않게 말을 이어 갔다.

 "그때는 뭐 사방에서 다 총소리가 났었지. 우리는 그런 갑다 하고 그냥 집 밖으로도 못 나가고 그랬지잉."

 손가락 두 마디가 채 되지 않는, 하지만 꽤 선명하게 남아 있는 총알 자국을 계속 바라봤다. 그때 처음으로 내가 사는 곳이 광주라는 것이 실감 났다. 교과서로 5·18에 대해 배웠지만, 그게 나와 가족의 이야기라고는 생각하지 못했다. 눈앞에 선명히 새겨진 총알 자국을 보고 두 분의 이야기를 들으며, 이제야 외갓집이 80년 5월보다 더 먼저 지어진 곳이라는 걸, 그리고 전남도청이 있던 금남로와 이곳이 그렇게 멀리 떨어져 있지 않다는 것을 체감했다.

"평범해야 해, 평범."

할머니에게 5·18에 관해 묻자, 이런 대답이 돌아왔다. 이 말은 한평생을 광주에서 살고도 5·18은 우리 가족과는 아무런 상관이 없다고 말하는 외할머니의 입버릇이기도 했다. 현관문 바로 위쪽에 총알 자국이 선명하게 남아 있지만, 그때는 다 그랬다고 아무렇지 않게 말하는 외할머니의 무심한 표정과 총알 흔적 사이의 괴리가 흥미로웠다. 외할머니가 말하는 '평범'은 무엇일까. 나는 그 말을 '정상성'과 관계된 것으로 이해했다. '정상적으로 살아야 해, 정상적으로.' 그렇다면 정상적으로 사는 삶은 뭐고, 정상적이지 않은 삶은 또 뭘까. 5·18에 관해 침묵하는 건 정상적인 삶이고, 침묵하지 않는 건 정상적이지 않은 삶인 걸까. 평범하라는 그 말에서 나는 여전히 80년 5월의 두려움을 느꼈다. 그날은 평범하지 않은 죽음이 가득한 날이었다. 설명될 수 없는 죽음들이 그녀의 기억 한편에 남아 두려움이 되어 있었다.

우리나라의 귀신 이야기에서, 죽은 사람이 조상이 되는지 원

귀(冤鬼)가 되는지는 그 사람이 얼마나 착하게 살았는지에 달려 있지 않다. 그보다는 그 사람이 이승에서 각종 통과의례를 별 탈 없이 거치고 살다가 평안한 죽음에 이르렀는지에 달려 있는 경우가 더 많다. 이는 한을 품고 죽은 사람, 슬프고 비참하게 죽은 사람들은 원칙적으로는 제사의 대상, 다시 말해 조상이 되지 못하는 현실[1]과도 이어진다. 외할머니의 "평범해야 해, 평범"이라는 말은 각종 통과의례를 별 탈 없이 거치고 정상적인 죽음을 맞이해야 한다는 말이기도 했다. 외할머니의 말을 들으며 나는 80년 5월 이름도 명예도 없이 사라진, 누구보다도 평범한 삶을 살았을 어떤 이들을 떠올렸다.

그 일이 있고 얼마 뒤 나는 외할머니를 향해 카메라를 들었다. 두려움 주변을 익숙하게 배회하는 할머니의 일상이 궁금했다. 무엇보다 삶은 결코 '정상'이라는 규범과 기준만으로는 흘러갈 수 없다는 걸 외할머니의 삶을 통해 보여 주고 싶었다. 평범한 삶을 바라는 외할머니의 삶은 평범하지 않은 순간들로 빛나고 있다는 걸 말이다. 그렇게 졸업 작품 〈옥상자국〉 촬영이 시작되었다.

외할머니의 삶을 카메라에 담으며 깨닫게 된 것이 있다면, 나는 삶의 결과가 아니라 삶의 과정이 중요한 사람이라는 것이었다. 조상이 된 영혼에게도, 원귀가 된 영혼에게도 삶의 과정은 존재한다. 그리고 거기에는 몇 개의 언어만으로 압축될 수 없는 순간들이 가득하다. 그 안에는 그 사람만이 할 수 있는 삶의 이야기가 분명히 존재한다.

아빠에게 '고모처럼 되지 말라'는 말을 처음 들은 그날 밤, 나는 외할머니의 '평범해야 한다'는 말을 함께 떠올렸다. 그 말에서 외할머니의 두려움을 느꼈던 것처럼, 아빠의 말에서도 아빠가 쉽게 드러내지 못했던 두려움과 슬픔을 느꼈다. 내가 그 두려움과 슬픔의 정체를 계속 바라볼 수 있을까? 그게 무엇일지 지금은 알 수 없지만, 고모의 시간들을 찾고 싶었다. 가족 안에서 기억되지 않는 존재가 된 고모는 어떤 삶의 과정을 거쳐 갔을까? 두려움과 슬픔만으로는 설명할 수 없는, 고모의 이야기가 궁금했다.

4. 이름도 얼굴도 몰랐지만

　사진첩이 먼지 쌓인 유물 같다는 생각을 한 적이 있다. 일상적으로 꺼내 볼 일이 없는 사진첩은 주로 장롱이나 창고 깊숙한 곳에 잠들어 있다. 특별한 일이 없는 한, 사진첩은 계속 잠을 이어 간다. 가족의 빛나는 순간을 담았을 가족사진은 사진이 찍힌 순간부터 과거가 된다. 가족사진들이 차곡히 모인 가족 앨범은 그 자체로 가족의 시간을 보여 주는 역사책이 되기도 한다. 필름 카메라보다는 디지털 카메라나 핸드폰으로 사진 찍는 것이 더 익숙한 요즘, 사진첩은 더욱더 과거의 물건처럼 느껴진다. 사진첩을 발견하는 건 다음 세대 누군가의 몫이 되기도 한다. 나는 늘 유물을 발견하는 마음으로 먼지가 가득 쌓인 가족 앨범을 한 장 한 장 넘기곤 했다.

　〈옥상자국〉을 만들면서 처음으로 외할머니의 사진들을 찾아본 적이 있다. 1960년대부터 1980년대까지 전국적으로 인기 있었다는 일명 '자개 장롱' 열풍에서 외갓집도 예외는 아니었다. 안방 한쪽 면을 차지하고 있는 검은 장롱의 문을 열면 아래쪽에 오래된 사진 앨범들이 차곡차곡 쌓여 있었다. 장롱 문을 열면 늘 풍겨 오던 시간의 냄새. 이를 맡으며 나는 가장 아래쪽에 있는 앨범을 꺼냈다. 온통 흑백사진으로만 채워진 앨범에는 외할머니와 외할아버지의 혼인 당시 풍경이 담겨 있었다. 생전 처음 보는 풍경이었다. 관복 같은 혼례복을 입고 말을 타고 앉아 있는 외할아버지와 고운 한복을 입고 고개를 들지 못하고 있는 외할머니의 모습. 그 사진들 속에서 나는 한 번도 본 적 없는 두 분의 시절과 만났다.

사진을 보며 나누는 대화는 한결 부드러웠다. 자신의 모습을 낯설어하면서도 재미있어하는 외할머니와 처음 보는 장면에 호기심이 충만해진 나는 말이 많아졌다. 그렇게 한참 동안 사진을 보며 외할머니와 대화를 나누었다. 사진이 없었다면 불가능했을 순간이었다. 내게 고모가 있었다는 사실을 처음 알게 되었을 때도 곧바로 떠올렸던 건 사진이었다. 그녀의 사진이 남아 있을까? 그렇다면 왠지 그녀에 관해 좀 더 알 수 있을 것 같았다.

그렇게 나는 광주로 향했다. 한때는 할머니, 할아버지가 살았고, 지금은 엄마와 아빠가 사는 집으로. 혹시라도 할머니가 고모의 물건들을 어딘가에 보관해 두었을지도 모른다는 마음 하나로 결정한 광주행이었다. 할머니와 할아버지는 세상을 떠났지만, 여전히 집 안 구석구석 남아 있는 두 분의 물건을 떠올리며 기대감을 높였다. 광주에 도착하는 시간은 일부러 엄마, 아빠가 모두 집에 안 계시는 시간대로 정했다. 아직은 두 분에게 고모에 관해 물을 용기가 없었다. 일단 혼자 조용히 고모의 이름과 얼굴 정도만 확인해 보자고 생각했다. 아빠의 말만 듣고서 고모를 그냥 '닮지 말아야 할 존재'로 남겨 두고 싶지는 않았다.

집에 도착하니 역시나 아무도 없었다. 한쪽 구석에 짐을 풀어 두고서 계획대로 집 안 구석구석을 뒤지기 시작했다. 그동안 한 번도 눈여겨보지 않았던 곳들을 찾으며, 굳어진 시간의 흔적을 찾아 헤맸다. 곳곳에 할머니와 할아버지의 물건으로 보이는 것들이 눈에 띄었다. 특별한 날 꺼내 입었을 법한 화려한 할머니의 옷부터 먼지 쌓인 스킨케어 제품들, 그리고 할아버지가 중요한 날 늘 비밀번호를 돌려 가며 열던 철제 금고까지. 나에게도 눈에 익은 물건들을 찬찬히 보다 보니 어느새 기억은 두 분이 모두 이 집에 살던 시절로 나를 데려갔다. 그 안에는 누군가의 부재를 상상하지 못했던 어린 시절의 내가 있었다. 만약 그때부터 고모의 존재를 알았다면 좀 더 천진하게 가족들에게 고모에 관해 물어볼 수 있었을까? 하지만 알았다고 하더라도 나는 천진한 쪽과는 거리가 멀었다.

아빠의 책상에 놓인 액자에는 초등학생 시절 나와 동생의 모습이 찍힌 사진이 들어 있다. 하루는 어린 시절 사진들을 보다가 엄마에게 "왜 내 돌잔치 사진은 없어?" 하고 물은 적이 있다. 남동생 돌잔치 때 한복을 차려입고 함께 잔칫상에 앉아 사진을 찍은 나와 남동생의 모습을 본 직후였다. 파란색 한복을 입고 카메라를 정면으로 바라보는 남동생과 그 옆에서 색동 한복을 입고 남동생을 보는 내 모습을 발견했다. 누가 봐도 남동생이 돌잔치의 주인공인 사진이었다. 엄마는 머쓱한 듯 그때는 내 돌잔치도 남동생 돌잔치와 함께 치렀다는 말로 답변을 얼버무렸다. 그러려니 하는 마음으로 넘어가고 싶었지만, 어쩔 수 없이 서운함이 남는 게 사실이었다.

  지금은 텅 빈 낡은 거실이지만, 어릴 적만 해도 매주 토요일이면 온 가족이 모두 할아버지, 할머니 집에 모여 저녁 식사로 소고기를 구워 먹었다. 소고기는 자식들에게는 효도의 상징이자 할아버지에게는 가난했던 어린 시절에 대한 보상이었다. 다른 메뉴는 선택할 수 없었다. 오로지 소고기였다. 할아버지가 선택한 메뉴였기 때문이었다. 거실 바닥 한쪽에 신문지를 깔고 그 위에 버너와 팬을 놓고서 최고 등급 한우를 함께 구워 먹었다. 저녁을 다 먹고 나면 나와 사촌 동생들은 방에 들어가서 놀았다. 아이들은 방으로, 할아버지와 아빠, 작은아빠들은 거실로, 할머니와 엄마, 작은엄마들은 부엌으로. 모두 각자의 공간과 위치가 있었다. 그 시절 누구도 자신의 공간과 위치를 어길 수는 없었다.

이름도 얼굴도 모르는 고모를 찾기 위한 여정이었지만, 과거가 나에게도 자꾸 말을 걸어 오고 있었다. 나는 한 번도 열지 않았던 베란다 창고 앞에 섰다. 이 창고 문을 열면 어떤 세계가 펼쳐질까? 문이 열리면서 '끼익' 하는 날카로운 소리가 났다. 그 문이 마치 과거로 향하는 시간의 문처럼 느껴졌다. 살짝 열린 문틈 사이로 날리는 먼지가 보이고 곰팡이 냄새가 났다. 창고 안에서 각양각색의 시간을 품은 물건들이 고개를 들었다.

가장 먼저 눈에 들어온 건 할아버지의 영정 사진이었다. 제사 때마다 늘 입던 검은색 두루마기 한복을 입고 사진을 찍은 할아버지가 보였다. 위암 발병 전, 건강한 모습이었다. 할아버지 사진 바로 앞에는 할아버지가 철도청을 정년 퇴임하며 당시 대통령이었던 전두환에게 받은 훈장이 있었다. 어릴 적에는 이 훈장이 거실 한쪽에 걸려 있었다. 어린 마음에 '전두환'이라는 세 글자를 보고 흠칫 놀랐던 게 떠오른다.

그 옆으로는 무심하게 쌓여 있는 가족 앨범들이 있었다. 가지런히 정리되어 있다기보다는 어지럽게 쌓여 있었다. 가장 바깥쪽의 앨범을 꺼내 들었다. 익숙한 얼굴들이 보였다. 나와 남동생의 어린 시절 앨범이었다. 이런 순간이 있었나. 나조차 낯선 나의 모습이었다. 기억은 희미했지만, 사진 속 내 모습만큼은 선명했다. 남동생과 다정하게 어깨동무하며 웃고 있는 모습, 카메라를 보며 포도를 먹고 있는 모습, 부모님과 운동회에 참가한 모습. 기억나는 순간도 있고, 기억에서 멀어져 버린 순간도 있었다. 기억은 사라져도 사진은 여기에 이렇게 남아 있구나. 어쩌면 사진이 기억보다 더 끈질길지도 모르겠다.

그 옆에 있는 사진첩들도 차례대로 살폈다. 아빠와 엄마의 신혼여행 사진, 결혼식 사진에 이어 아빠의 대학 시절 사진도 발견했다. 정확히 역순으로 흘러가고 있었다. 아무렇게나 쌓인 줄 알았던 사진첩들은 시간의 지층이었던 셈이다. 대학생이었던 아빠의 모습이 너무 낯설었다. 어딘가 장난기가 느껴지는 미소와 지금보다 몇 배는 더 풍성한 머리숱, 그리고 젊음. 이십 대의 아빠와 내 기억보다 훨씬 더 젊은 할머니와 할아버지의 모습. 아빠의 대학교 졸업식 사진 속에서 할머니와 할아버지는 멋지게 양복을 차려입고 대학생들로 가득한 운동장 한가운데에 놓인 의자에 앉아 있었다. 할아버지의 표정은 어딘가 안 좋아 보이기도 했다.

사진 속 할아버지의 모습은 대부분 무표정이거나 언짢아 보이는 모습이었다. 내 기억 속 할아버지는 나에게 화를 내거나 얼굴을 붉히는 일이 한 번도 없었지만, 아빠나 작은아빠들에게는 늘 엄한 아버지였으리라 충분히 예측할 수 있었다.

드디어 가장 아래쪽에 놓여 있던 사진첩을 펼쳤다. 한눈에 보기에도 오래되어 보이는 앨범이었다. 삼등분으로 양쪽 날개가 펴지는 형식의 사진첩이었다. 주황색 표지와 오른쪽 하단에 붙은 미키마우스 스티커가 눈에 들어왔다. 천천히 사진첩을 넘겼다. 첫 번째 장에서 어른의 글씨는 아닌 것 같은 누군가의 글씨로 한 자 한 자 적어 나간 가족들의 이름이 보였다.

"양지영"

처음 보는 이름이었다. 사진첩에는 낯선 여성의 어린 시절부터 대학생 시절 사진까지, 40여 장의 사진이 꽂혀 있었다. 마치 그녀의 일대기를 시간순으로 정리해 놓은 듯했다. 쌍꺼풀이 없는 두꺼운 눈꺼풀에 다부진 눈매, 약간 튀어나온 이마와 두툼한 입술. 나는 한눈에 그녀가 누구인지 알아차렸다. 바로 그날 밤 아빠가 나에게 말해 준, 아빠의 누나라는 것을.

그녀의 사진들이 꽂힌 사진첩에는 익숙한 얼굴도 눈에 들어왔다. 아빠였다. 그것도 어린 시절의 아빠였다. 지금의 모습과 닮은 어린 아빠의 모습이 반가우면서도 생경해서 몇 번이고 사진 속 아빠와 눈을 마주쳤다. 고모와 아빠가 함께 찍은 사진은 총 여섯 장이었는데, 그중 가족사진을 제외하고 아빠와 고모가 둘이서만 함께 찍은 사진은 세 장이었다. 열 살 남짓으로 보이는 고모의 모습과 그녀보다 더 작은 모습으로 옆에 서 있는 아

누군가의 손 글씨로 적힌 가족들의 이름 사이에서 주연이 처음 '양지영'을 발견한 장면.

빠의 모습이 보였다. 어린 아빠는 누나의 손을 잡고 서 있기도 했다. 아빠에게 정말로 누나가 있었구나. 서서히 나는 고모라는 존재가 현실적으로 느껴지기 시작했다. 술기운에 아빠가 잘못 말한 것도, 내가 잘못 들은 것도 아니었음을 확인한 것과 함께.

처음으로 마주하는 얼굴이었지만, 사진 속 무표정하고 책임감 강해 보이는 한 여성의 모습이 낯설지가 않았다. 사진첩에는 그녀의 사진들이 시간순대로 잘 정리되어 있었다. 몇 안 되는 대학 시절 사진 중에는 졸업 가운을 입고 학사모를 쓴 사진과 성당에서 세례를 받는 사진도 있었다.

흑백 사진이 대부분인 가운데, 앨범 마지막 장에 꽂힌 네 장의 사진은 컬러였다. 그중 성당에서 세례받는 사진의 하단에는 날짜가 적혀 있었다. "MARCH, 1975" 사진 속 고모는 1975년 외국인 신부님에게 세례를 받고 있었다. 긴 초록빛 원피스를 입은 그녀는 어깨까지 오는 파마머리에 무표정한 얼굴이다. 1975년이 그녀가 살아 있던 마지막 해였을까? 나는 컬러 사진 네 장을 다시 바라보았다. 1975년 양지영에게는 무슨 일이 있었던 걸까?

거의 본능적으로 고모의 사진들이 담긴 사진첩을 챙겼다. 가져가도 되냐고 물어볼 사람도 없었지만, 물어볼 생각도 없었다. 일단은 내가 갖고 있어야겠다는 마음이 강하게 나를 이끌었다.

고모의 사진이 가지런하게 담긴 앨범과 주연의 손.

사진이 품고 있던 에너지가 말을 건넨 걸까, 아니면 이름도 얼굴도 몰랐던 고모가 나에게 인사를 건넨 걸까. 아무도 없는 집에서 사진첩들을 챙겨 다시 서울로 향했다. 그때는 몰랐다. 그 뒤로 다시 그 사진첩을 펼치기까지 3년 가까운 시간이 흐를 줄은.

5. 첫 번째 인터뷰

 2018년 8월 18일 토요일, 인터뷰 하루 전날 기차를 타고 광주에 도착했다. 이번 광주행은 카메라와 함께라서 더 긴장되었다. 가방에는 카메라와 삼각대, 인터뷰용 무선 마이크가 들어 있었다. 본격적인 영화 제작에 앞서 아빠의 사전 인터뷰를 촬영하기 위한 일정이었다. 몇 년 만에 다시 아빠에게 고모 이야기를 꺼내야만 한다. 그것도 술에 취하지 않은 아빠에게 말이다. 이 순간을 오래 기다려 왔지만, 또 한편으로는 피하고 싶기도 했다. 그날의 통화 이후로 몇 년간 아빠에게 고모에 관해 묻지 못했다. 아빠의 슬픔을 건드리는 것에 대한 부담과 죄책감을 감당해 낼 자신이 없었다. 그렇게 시간만 흘러가고 있었다.

 그러다 계기는 우연히 찾아왔다. 엄마와 대화하다가 나는 아빠가 이미 술에 취해 엄마에게도 고모 이야기를 여러 번 했다는 걸 알게 되었다. 아, 고모 이야기는 내가 아니라 아빠가 이미 먼저 시작한 거구나. 그리고 나만 알고 있던 비밀도 아니었구나. 어쩌면 아빠도 마음 한구석에서는 고모 이야기를 함께 나누고 싶어 하는지도 모른다는 생각이 하루하루 커지고 있었다.

카메라 앞에서 누군가와 대화를 나눈다는 것은 쉬운 일은 아니다. 카메라는 시종일관 우리의 대화를 보고 듣고 기록한다. 카메라 뒤에 있는 내가 할 수 있는 일은 카메라의 무게를 온전히 감내하며 대화를 이끌고 책임지는 것이다. 회피하지 않고 카메라의 무게를 느끼며 그 공기에 조금씩 조금씩 서로가 익숙해진다. 그러면 어느 순간 카메라를 매개로 이루어지는 대화의 긴장감이 그렇게 싫지만은 않은 순간이 찾아온다.

낯선 누군가와 카메라 앞에서 대화를 나누는 것도 떨리는 일이지만, 잘 아는 친숙한 대상과 카메라 앞에서 대화를 나누는 것도 긴장되기는 마찬가지이다. 이번 일정에 앞서 나는 아빠에게 미리 촬영 협조를 구하며 아주 조심스럽게 '고모'라는 단어를 전화로 꺼내 놓았다. 몇 년 전 아빠가 처음으로 알려 준 고모에 대해 카메라 앞에서 더 이야기 듣고 싶다고. 아빠의 반응은 의외로 담담했다. 거절도 회피도 아닌 "알겠다"라는 답변이었다. 놀란 건 오히려 나였다. 하지만 나 역시 그런 내 감정을 아빠에게 드러내지 않았다. 그렇게 아빠의 첫 번째 인터뷰 일정이 정해졌다.

인터뷰를 준비하는 동안 새삼스레 생각해 보니 아빠와 한 시간 이상 둘만의 시간을 보낸 기억이 없었다. 술에 취하지 않은 아빠와 다정하게 나눈 대화도 기억나지 않았다. 그동안 3분 내

외로 오가는 통화 속에서 우리는 주로 밥은 먹었는지, 지금 뭐 하고 있는지 묻거나 잘 지내라는 말만 반복했다. 고모에 대해 묻기 위해 시작된 대화이긴 했지만, 이번 인터뷰가 아빠와 나누는 긴 대화의 시작처럼 느껴졌다. 아빠를 인터뷰하기에 앞서, 아빠가 없는 틈을 타 엄마를 먼저 인터뷰했다.

"그럼 인터뷰를 시작하겠습니다. 먼저 사운드 체크."

"빨리 해, 그냥."

여전히 긴장한 나와 달리 엄마의 목소리는 여유로웠다. 그 목소리에 나도 모르게 웃음이 터져 나왔다. 인터뷰는 순조롭게 흘러갔다. 미리 작성해 온 질문지를 보며 차분히 질문을 이어 갔다. 초반에는 엄마의 어린 시절에 관한 이야기를, 이어서는 고모에 관한 이야기를 물을 예정이었다. 하지만 고모에 관한 이야기는 내가 예상하지 못한 지점에서 튀어나왔다. 그래, 이게 바로 인터뷰의 매력이지. 인터뷰를 시작하기 전에는 보이지 않았던 길이 보이기도 하고, 예상하지 못했던 어떤 세계가 튀어나와 고개를 내민다. 그 세계와 만나는 순간은 언제나 두근거리고 설렌다. 상황은 엄마에게 어떻게 아빠와 결혼하게 되었는지 물은 직후였다. 엄마는 중매로 결혼하게 되었다고 말하며 답변을 이어 갔다.

"근데 결혼을 못 할 뻔했어, 그때."

처음 듣는 이야기에 나의 두 눈과 귀가 반짝였다.

"엄마의 엄마, 그러니까 외할머니가 나중에 아빠의 누나가 자살했다는 걸 알게 되시는 바람에. 그런 집안이랑 결혼하면 안 된다고 반대를 하셨지."

그 순간 〈옥상자국〉을 만들 때 외할머니에게서 들었던 '평범하게 살라'는 말이 떠올랐다. 어쩌면 고모의 평범하지 않는 죽음이 그녀를 가족의 시간 저편에 머물도록 한 것일지도 몰랐다.

"그런데도 엄마는 왜 아빠랑 결혼했어?"

엄마에게 처음 묻는 말이었다. 내가 태어나기 전부터 이미 두 사람은 부부였으니까. 엄마의 답은 담담했다.

"나는 아무렇지 않았어. 오히려 아빠가 더 측은하게 느껴지면서 마음이 가더라고. 주변에서 하는 말도 별로 신경 쓰이지 않더라고."

순간 엄마가 멋지다는 생각이 스쳤다. 낙인의 소용돌이 속으로 자신을 맡기지 않는 용기 덕분에 내가 태어날 수 있었던 거구나. 이제야 조금씩 선명해지고 있었다. 아빠로부터 고모 이야기를 들은 이후로 몇 년간 내가 왜 고모 이야기를 하고 싶어 했는지, 고모라는 존재를 묻는 것에 대한 두려움을 느끼면서도 동시에 알고 싶다는 설명할 수 없는 끌림이 어째서 공존했는지를 말이다. 결혼을 결심했던 엄마의 마음처럼, "양씨 집안의 여자들은 모두 불행했다"라는 말이 만들어 내는 고모의 삶에 대한 거칠고 일방적인 평가와 낙인으로부터 거리를 두고 싶었다. 엄마가 먼저 끊어 냈던 고모를 둘러싼 낙인의 시선을 나도 끊어 내고 싶었다. 무엇보다 나는 여전히 그녀가 궁금했다.

엄마의 인터뷰를 마치고, 나는 아빠가 생활하는 방에 의자 두 개를 마주 보도록 놓고 아빠가 앉을 의자 앞에 삼각대를 펼쳤다. 저녁 식사를 끝내고 얼마 지나지 않은 시간이었다. 사전에 아빠에게 촬영에 관해 설명하긴 했지만, 막상 카메라를 꺼내 놓고 보니 아빠도 나도 어색했다. 그래도 다행인 건 아빠가 카메라를 거절하지는 않았다는 거였다. 나는 속으로 안도했다. 촬영을 준비하는 나에게 아빠는 멋쩍게 웃으면서 더우니까 빨리 끝내자고만 말했다.

막상 카메라 뷰파인더로 보이는 아빠의 모습은 내가 평소에 알던 아빠의 모습과는 달랐다. 뷰파인더 속 아빠의 모습이 더 작게 느껴졌다. 녹화 버튼을 누르자 긴장한 아빠는 존댓말을 사용하며 본인을 소개하기 시작했다.

"안녕하세요. 저는 양, 대자, 승자, 그리고 정, 삼자, 례자의 4남매 중 장남, 양철원입니다."

긴장한 아빠의 모습을 보는데 나도 모르게 웃음이 터졌다. 아빠에게 평소처럼 말해 달라고 했다. 아빠는 알겠다고 답하며 그다음에는 바퀴 달린 의자에 앉아 계속 몸을 천천히 양옆으로 흔들기 시작했다. 촬영을 잠시 끊고, 아빠에게 몸을 움직이면 안 된다고 말했다. 아빠는 멋쩍게 웃었지만 이후 재개된 인터뷰에서도 몸을 조금씩 흔드는 걸 멈추진 못했다.

"기억이 안 나는데……."

아빠의 표정을 보니 고모에 관해 처음 알려 주던 그날 밤이 정말로 기억나지 않는 듯했다. 평소 누나 이야기는 누구에게도 쉽게 하지 않는데, 그날은 왜 그랬는지 모르겠다는 말만 되풀이했다. 뭔가 엄청난 이유가 숨겨져 있을 것이라 생각했던 건 아니었다. 그런데 아빠의 말이 나는 왜 섭섭했을까. 그날 그렇게 고모 이야기를 해서 네가 놀랐을 수도 있었겠다는 말이 듣고 싶었던 걸까? 기억나지 않는다는 아빠의 말에 기운이 빠졌다.

두 시간 가까이 아빠는 주로 자신의 어린 시절 기억을 들려주었다. 철도청 공무원이었던 할아버지, 가정주부였던 할머니와 함께 보낸 시절 속 아빠의 모습은 지금과는 많이 달라 보였다. 나는 아빠의 이야기를 들으며 기찻길 옆 한옥에 모여 살았던 가족들의 모습을 떠올렸다. 철도 근처에 떨어진 쇠붙이들을 친구들과 늦게까지 줍다가 귀가가 늦어졌을 아빠, 그런 아빠를 혼내는 할아버지의 모습, 그리고 그 풍경 너머로 부엌 옆 자신의 방에 홀로 있었을 고모의 모습이 그려졌다. 어린 시절을 이야기하는 아빠의 표정에서 희미한 행복과 약간의 그리움이 전해졌다.

아빠는 그 시절의 누나에 관해서는 자세히 떠올리지 못했다. 누나가 무얼 좋아했고 어떤 사람이었는지에 대해서 아빠는 정말로 모르는 것 같았다. 자신의 누나보다는 할아버지와 누나의 친구 Y에 관한 이야기가 대부분이었다. 할아버지가 딸이라는 이유로 누나를 엄격하고 차갑게 대했다는 것과 누나와 함께 누나 친구 Y의 집에 자주 놀러 갔다는 것. 누나와 달리 외동딸이었던 Y는 집안의 사랑을 독차지했고, 그 집에는 찾아온 손님에게 내어 줄 과일과 과자가 풍족했다는 기억. 어린 마음에 아빠는 그 집에는 우리 집과 달리 음식도 사랑도 가득한 것 같아서 부러웠다고 덧붙였다.

"최근에 Y 누나한테 전화가 왔었어."

아마도 아빠가 나에게 처음 고모에 대해 말한 날이 그즈음일 수도 있겠다는 생각이 들었다. Y의 전화가 아빠에게 죽은 누나를 떠올리게 했고, 그래서 아빠는 그날 나에게 불쑥 누나에 대해 털어놓은 게 아닐까? 여전히 광주에 살고 있는 Y는 어느 날 지인으로부터 아빠의 소식을 들었고, 그걸 계기로 Y가 아빠에게 반가운 마음에 차나 마시자고 수십 년 만에 연락했다고 한다.

"그럼 아빠는 Y를 만났어?"

나는 기대를 가득 품은 채로 아빠에게 물었고, 돌아온 대답은 무거웠다.

"처음에는 나도 별생각 없이 좋다고 하고 전화를 끊었는데 며칠 뒤에 다시 전화를 걸었어. 못 만나겠다고. Y 누나를 만나면 먼저 간 누나 생각이 많이 날 것 같아서 만나기가 싫더라고."

순간 마음이 뜨끔했다. 인터뷰에 응해 주고 있는 아빠의 마음의 무게가 조금은 느껴지는 것 같았다. 아빠에 대한 고마움과 미안함이 스쳤다. 인터뷰는 두 시간가량 진행되었다. 인터뷰를 끝내고 나에게 남은 아빠의 말은 두 가지였다. Y와의 만남을 거절할 수밖에 없었다는 것과 누나의 삶에 대해 기억나는 것이 없냐는 질문에 대한 답변이었다.

"기억에 남을 정도로…… 특별한 삶은 아니었던 것 같아."

촬영이 끝나고 서울로 돌아와서도 문득 아빠의 말이 떠올랐다. 기억에 남는 특별한 삶이란 어떤 걸까? 고모는 어떤 삶을 살았던 걸까? 그녀의 삶이 특별하지 않았다는 아빠의 말이 계속 말을 걸어 왔다.

2. 흔적 없는 흔적 찾기

1. 주인공을 촬영할 수 없는 영화

다큐멘터리 제작에서 중요한 단계가 있다. 바로 주인공을 결정하는 단계이다. 처음부터 주인공을 결정한 뒤 촬영을 시작하기도 하고, 주인공이 결정되지 않은 상태에서 인물 팔로우를 하면서 주인공의 범위를 점점 좁혀 나가기도 한다. 뭐가 되었든 정답은 없다.

나의 지난 단편 다큐멘터리 작업의 경우, 외할머니를 담은 〈옥상자국〉(2015)이나 5·18 40주년 기획 다큐 〈40〉(2020)에서는 주인공을 먼저 결정하고 촬영에 들어갔었다. 〈옥상자국〉은 가족인 외할머니가 주인공이었기 때문에 상대적으로 인물 섭외가 어렵지는 않았다. 〈40〉은 5·18 광주민주화운동 40주년 기념 영화제의 홍보 영상이기도 했는데, 마감에 맞추어 짧은 시간 안에 결과물을 만들기 위하여 등장인물을 빨리 찾아야만 했다. '5·18 영화에 출연했던 인물'이라는 카테고리를 먼저 정하고 그 안에서 주인공 후보를 좁혀 나갔다. 섭외 과정이 쉽지는 않았지만, 설득 끝에 네 명의 주인공이 결정되었다. 정해진 시나리오를 가지고 찍는 극영화와 달리 다큐멘터리는 현실의 많은 변수와 마주해야 하는데, 이야기의 핵심 인물을 정하고 나면 그래도 방향성이 비로소 보이는 느낌이라 든든하다.

대학 청소 노동자들의 노동조합 설립 과정을 담은 〈내일의 노래〉(2014)의 경우는 위의 두 작품과는 달랐다. 촬영 초기 그들이 결성한 노동조합이 설립될 수 있을지 없을지 가늠할 수 없는 상황에서 누구를 영화의 주인공으로 할지 쉽사리 정할 수가 없었다. 막막했지만 동시에 그 막막함이 주는 묘한 해방감도 있었다. 특정 인물에만 국한해 상황을 바라보지 않을 수도 있겠다는 열린 가능성이 보이기도 했기 때문이다. 그 뒤로 나는 1년 동안 청소 노동자들이 자신의 노동 조건을 개선하기 위해 학교에서 투쟁하는 과정을 카메라에 담으며 카메라와 더 가까워지는 인물을 자연스레 따라가게 되었다. 동시에 나 자신도 카메라와 가까워지는 시간이었다.

이런 과정을 통해 여러 주인공과 만났다. '평범하게 살라'고 늘 입버릇처럼 말하는 외할머니, 1980년 5월 당시 광주 전남도청에서 취사조로 시민군의 식사를 만들었던, 그 뒤로 살아남아 지금도 이름 없는 무덤을 찾아다니며 애도하는 윤청자 선생님, 노동조합이 뭔지 전혀 몰랐다가 자신의 세계로 받아들이면서 기분 좋은 변화를 경험했던 박정애 그리고 박송희 선생님. 그러고 보면 내가 선택한 주인공들에게 공통으로 들었던 말이 있었다. "뭐 하려고 나를 찍냐"부터 "나는 특별하게 해 줄 말이 없어요" "나는 찍지 마" "내가 뭐라고" 같은 말들. 그녀들은 늘 자신들의 삶이 특별하지 않다고 말했다.

그런 반응 앞에서 문득 궁금했다. 특별한 삶은 무엇이고, 특별하지 않은 삶은 무엇인지. 누가 다큐멘터리 영화의 주인공이 될 수 있고, 또 누가 주인공이 될 수 없는지. 생각 끝에 다다른 결론은, 결국 내가 담고자 하는 이야기는 특별한 사람을 다루는 특별한 이야기가 아니라, 무엇이 특별한지를 묻는 이야기라는 것이었다. 세상에 설정된 특별함의 기준을 묻고 그 기준을 뒤흔드는 이야기에 언제나 더 관심이 갔다. 그래서 고모의 이야기에 끌리고 있는 것일지도 몰랐다. 고모의 삶이 특별하지 않았다는 아빠의 말은 이미 이야기를 시작하기에 충분했다.

'고모는 말할 수 있는가'
'고모는 왜 죽었는가'
'침묵의 죽음'
'남겨진 이야기'
'우리가 몰랐던 가족 이야기'
'가족이라는 이름의 침묵'

'자살 이후'

'그녀가 남겨 둔 이야기'

'어느 큰딸의 죽음'

'그녀의 이름은'

'양양'

고모에 대한 영화를 찍기로 결심하고 일단 떠오르는 제목들을 노트에 낙서로 끄적였다. 제목을 정하는 건 괴로우면서도 신나는 일이다. 제목을 정한다는 건 그 영화를 만들기로 결심했다는 걸 의미하기도 했다. 제목을 갖게 된 이야기는 어떻게든 자신만의 모양과 표정을 찾아낼 것이기 때문이다. 그러다 결정한 영화의 제목은 '양양'이었다.

'양양'은 고모라는 존재를 처음 알게 되었을 때 내 나름대로 만들었던, 그녀를 호명하는 이름이기도 했다. 양씨 집안의 여성들을 상징하는 말이기도 하고, 양지영과 양주연을 합쳐서 '양양'이 되기도 한다. 누군가는 '양양'이 마치 물이 흐르는 느낌이라고도 말해 주었다. 또 누군가는 '양양'이란 호명이 더 많은 익명의 여성들을 소환해 낼 수 있겠다고 말하기도 했다. 무엇이든 좋았다. 각자의 느낌을 닫는 것이 아니라 열어 줄 수 있는 제목이라서 좋았다.

주연의 집에 놓인 고모의 모습이 담긴 사진 액자.

하지만 막상 영화를 찍기로 마음먹으니 문제가 하나 있었다. 고모가 존재하지 않는 상황에서 고모를 어떻게 카메라에 담을 것인가. 이 영화는 그동안 내가 만들었던 다큐멘터리들과는 분명히 달랐다. 그녀를 무작정 따라갈 수도 없고, 인터뷰할 수도 없었다. 답답했다. 하고 싶은 이야기는 있는데 그걸 어떻게 표현할 수 있을지 막막했다. 그렇게 고모의 사진들이 가지런히 정리된 사진첩만 반복해서 바라보고 있었다.

왜 그때 대학원 수업 시간 때 읽었던 가야트리 차크라보르티 스피박의《서발턴은 말할 수 있는가?》가 갑자기 떠올랐을까. 그 책에서 내가 가장 인상 깊었던 부분은 스피박이 "서발턴은 말할 수 있는가?"라는 질문을 던지면서 가족의 이야기를 꺼내는 대목이다. 스피박은 자신의 이모할머니 부바네스와리 바두리를 이야기하며, 그녀가 십 대 시절에 불륜으로 인한 임신을 했다는 의심을 받은 것에 답하듯 생리 기간에 자살했음을 언급한다. 스피박에게 자살한 이모할머니는 가족의 어떤 시간을 보여 주는 생생한 존재이자 권력의 중심에서 배제되고 억압받는 집단으로서의 서발턴이었을 것이다. 자살한 스피박의 이모할머니 이야기를 다시 읽으며 고모의 이야기가 스쳐 지나갔다. 고모도 서발턴이라고 할 수 있을까?

그러다 나는 그 질문의 답을 하기보다 질문 자체를 응시하여 이야기를 구성해 나갈 수 있다는 생각에 미쳤다. 결국 나는 주인공이 없지만 주인공이 있는 영화를 만들고 싶었던 것이었다. 고모를 직접 만나 카메라에 담을 수는 없지만, 고모의 이야기를 응시하면서 잠시나마 고모가 말할 수 있도록 하고 싶었던 거구나. 고모가 존재하지 않더라도 이 이야기가 가능할 수 있는 이유이기도 했다. 촬영 내내 고모의 목소리를 들을 수는 없겠지만 더 이상 그 사실이 막막하게 느껴지지만은 않았다. 〈양양〉은 긴 질문을 하는 영화가 될 것 같다는 느낌이 들었다.

2. 자살이라는 물음표 너머

  자살은 영원한 진행형의 질문 같다. 물어도 물어도 답을 알 수가 없다. 하지만 계속 질문하다 보면 내가 지나온 여러 세계가 스친다. 고모의 자살을 알게 된 이후, 몇 개의 키워드를 조합하여 고모의 죽음과 관련된 기사를 검색해 봐야겠다는 생각이 들었다. 유일한 단서는 그날 밤 아빠가 술에 취해 말해 준 내용이었다. 아빠는 그날 고모의 이름을 말해 주지는 않았지만, 아빠 역시도 전해 들은 몇 가지 정보의 파편들을 혼잣말하듯이 뱉었다. 당시 고모가 조선대학교 화학공학과 졸업반이었고, 학교 실험실에서 독극물을 마시고 자살한 것 같다는 내용이었다.

"대학교 실험실? 그럼 큰 사건이었던 거 아냐?"

  나는 상기된 반응으로 아빠에게 물었고, 아빠는 혀가 꼬인 목소리로 말끝을 흐리며 답했다.

"그랬나. 기사도 났던 것 같기도 하고. 하여간 모르겠어."

  나는 기사를 검색했다. 기사를 통해서라도 고모의 흔적을 발견할 수 있다면 좋겠다는 마음이었다.

'70년대, 광주, 여대생, 자살, 70년대 광주 여대생 대학교 자살……'

처음으로 검색한 키워드는 당연히 고모의 이름이었다. 양지영. 아무런 기사가 나오지 않았다. 70년대, 광주, 여대생, 자살. 나는 계속해서 키워드를 덧붙여 갔다. 하지만 아빠가 언급했던 고모와 관련한 기사는 발견하지 못했다. 그 대신 나는 70년대 여대생 자살을 보도하는 기사에서 수많은 '양'들을 보았다. 김 양, 최 양, 박 양…… 기사에 실린 흑백사진 속 어딘가 우울하고 작아 보이는 그녀들의 얼굴에 고모의 얼굴을 겹쳐 보았다. 기사 속 '양 양'은 발견하지 못했지만. 여러 '양'들 중에서 나는 커다란 사각 뿔테 안경을 쓰고 옅은 미소를 띠고 있는 한 여성의 얼굴을 유심히 바라보았다.

> 오늘은 매우 기분이 우울하다. 오늘 낮에 윤 양이 다녀간 후로 난 정말 서럽게 서럽게 울었다. 지금도 난 울고 있다. 울다 지치면 퉁퉁 부은 눈으로 천장을 쳐다본다.

1974년 10월 1일 보도된 〈수치심 자극에 여대생 자살〉이라는 기사[2]에서 발견한 일기다. 사각 뿔테 안경을 쓰고 옅은 미소를 짓는 여성의 얼굴 아래에는 "자살한 최 양"이라는 글자가 적혀 있다. 최 양이 마지막으로 남겨 놓은 글이 유서가 되어 신문에 보도된 것이었다. 기사는 '수치심 자극'이라는 말로 최 양의 죽음을 설명하고 있었다. 또한 그녀가 학교 내에서 남자친구와 교제했는데 이를 두고서 그녀의 지도교수가 그녀에게 "남자 관계가 복잡하다" "구제할 가망이 없다" 등의 말을 했다는 것과 그녀가 "최근 같은 학교 두 명의 남학생과 교제해 온 것으로 알려졌다"는 내용이 언급되어 있었다. 1974년 수학과 3학년이었던 스물한 살 '최 양'은 신발과 안경, 핸드백 등을 남겨 놓고 한강에 몸을 던졌다.

그녀의 죽음을 '수치심'이라는 말로만 설명할 수 있을까. 1974년에는 한 여성의 연애 사생활이 그 여성의 죽음을 설명할 수 있을 정도로 커다란 의미였을까. 그녀가 마지막으로 들었던 주변 사람들의 말들이 지금의 관점에서도 비수 같았다. 그런 말이 일상에서 허용되고, "수치심 자극에 여대생 자살"이라는 말로 기사가 나오는 시절을 상상하다가 의구심이 들었다. 그 세계는 지금과는 확연하게 다른 세계인 걸까. 최 양에 대해 여전히 알지 못하지만, 그녀가 남겨 놓은 일기와 사진으로 그녀의 마음을 떠올려 보았다.

아침부터 눈물을 흘렸단다. 우리는 왜 이렇게 살아야만

하니? 어머님은 어머님대로 자식을 그리워하고 자식들은 부모님의 사랑을 받고 싶어 하는 심정, 정말 안타깝기만 하다. 아버님은 아예 생각지도 않는단다. 어머님이 너무도 불쌍해.

1963년 6월 12일 자 기사[3]에서 발견한 내용이다. 〈죽음을 택한 여대생의 항의〉라는 기사에는 한 여대생의 자살과 관련한 이야기가 보도되어 있다. S여대 약학과 4학년이었던 허 양은 한적한 강의실에서 음독자살을 시도하여 죽은 채 발견되었다. 기사를 보면 그녀는 유서를 남겨 아버지에 대한 불만을 토로했다고 한다. 첩을 얻어 딴살림을 꾸리는 아버지에 대한 원망과, 삯바느질로 푼푼이 돈을 모아 생활을 꾸려 가는 어머니에 대한 안쓰러움이 그녀를 죽음에 이르게 했다는 내용이다. "나 먼저 쉬고 싶어서 간다. 삶에 지쳐 버렸어. 잘 있어"라는 유서 내용까지 언급한 기사를 보면, 그녀의 유서는 항의라기보다는 우울과 무력감에서 작성한 절망에 가까워 보인다. 어쩌면 도움을 요청하고 있었을지도 모른다는 생각도 들었다. 기사 상단에는 살며시 미소를 띠고 아래쪽을 바라보고 있는 그녀의 모습이 보였다.

그녀들의 슬픔과 절망감은 자극적인 기사로 지면에 전시되어 있다. 그녀들의 사연은 안타까운 비운의 이야기가 되고, 그녀들의 얼굴은 자살이라는 거대한 물음표를 품은 미스터리한 얼굴이 된다. 나는 그 모습을 바라보며 만일 고모의 이야기가 기사로 나왔다면 어땠을지 떠올려 봤다. 고모의 남겨진 조각들은 자살의 이유를 설명하는 답이 되고 그 답은 고모의 얼굴과 함께 기사가 되었을지도 모르겠다. 그 조각이 안타깝고 서글플수록 죽음의 비극성은 극대화된다.

  나는 기사가 여성들의 죽음을 서사화하는 방식에 반론을 제기하고, 그녀들의 죽음과 삶을 구체적으로 이야기하고 싶었다. 무엇보다도 앞으로의 여정 속에서 고모의 이야기를 통해 새로운 서사 방식을 보여 주고 싶었다. 그녀의 삶을 더 입체적으로 서사화할 수 있는 이야기 방식은 어떤 것일까? 자살이라는 물음표 너머 기사로 드러나지 못했을 더 많은 삶의 조각들이 침묵 안에 가득 퍼져 있다.

3. 두 번째 인터뷰

 두 번째 아빠 인터뷰를 시작하기 전에 아빠의 어린 시절이 담긴 사진첩을 찬찬히 살펴보았다. 내가 살아 본 적 없는 그 시절의 모습이 반가우면서도 낯설었다. 흑백 가족사진에서 늘 중앙에 자리 잡고 있던 아빠의 모습과 그 옆에 묵묵히 함께 서 있던 고모의 모습. 그 모습을 따라 나는 사진으로 남지 않은 고모의 어린 시절까지 떠올려 보고 있었다.

 사진 하나. 가족사진이다. 가장 먼저 눈에 들어오는 사람은

할아버지와 그 앞에 당당하게 서 있는 어린 아빠의 모습이다. 계곡으로 보이는 곳에서 할아버지와 증조할머니, 아빠와 고모가 함께 있다. 둥그런 모자를 쓴 할아버지는 가운데에 서서 두 손으로 아빠의 어깨와 팔을 살포시 감싸고 있다. 그 앞에 서 있는 네 살 남짓의 아빠는 물통을 앞으로 메고 의기양양한 표정으로 카메라를 응시한다. 그 오른쪽으로는 한복을 입고서 바위에 걸터앉은 증조할머니와 고모가 보인다. 앳된 얼굴의 고모는 아빠보다 조금 작은 물통을 앞으로 메고 카메라를 보며 서 있다. 사진 정중앙의 아빠는 할아버지의 보호 아래 서 있고, 왼쪽으로 몇 걸음 떨어진 자리에 고모가 있다.

사진 둘. 할아버지가 촬영한 사진일까? 누가 찍은 건지는 모

르겠지만, 이 사진 역시 구도상 중앙에 아빠가 있다. 선글라스를 쓴 채 카메라를 정면으로 바라보고 있는 아빠는 장난스러운 표정이다. 그 옆으로 두어 살쯤 되어 보이는 아기의 모습이 보인다. 일고여덟 살은 되어 보이는 고모는 둥그런 모자를 쓰고 여름 원피스를 입고 서 있다. 두 손으로 아기를 붙잡고 카메라를 바라보고 있는 고모의 눈이 선하다.

사진 셋. 훌쩍 자란 아빠와 고모의 모습이다. 고모는 이제 청소년 느낌이 물씬 난다. 수영복을 입은 아빠는 배를 살짝 앞으로 내밀고 두 손을 뒤로 한 채 할아버지와 고모 사이에 서 있다. 사진 속의 할아버지는 말랐고, 낯설게 느껴질 만큼 젊은 모습이다. 큰 선글라스를 쓰고서 아빠의 어깨에 손을 올리고 있는 할아버지와, 둥근 모자를 쓰고 수영복을 입은 고모의 모습이 보인다. 이 사진에서도 아빠는 가운데에 서 있다. 그리고 할아버지는 아빠의 등에 손을 얹고서 다정하게 몸을 붙이고 서 있다. 고모는 늘 그 옆에 서 있지만, 어딘가 모르게 표정이 어두워 보인다.

사진 넷. 남겨진 사진 중 거의 유일하게 집이 보이는 사진이다. 격자무늬의 문과 나무 마루, 한옥 기둥이 눈에 들어온다. 단발머리를 한 고모 친구가 집에 놀러 온 기념으로 함께 찍은 사진처럼 보인다. 고모의 친구와 고모 사이에 마치 일부러 연출한 것처럼 놓인 화분이 귀엽다. 누가 찍은 사진일까? 고모는 머리를 한 갈래로 묶고서 무릎까지 오는 민소매 원피스를 입고 친구와 나란히 서 있다. 둘은 긴장한 표정으로 카메라를 바라보고 있다. 지금은 사라진 집에서 우연히 촬영된 고모 일상의 한 장면이 반가웠다. 여름이면 마루로 시원하게 불어오는 바람. 고모는 그 바람을 쐬며 혼자 책을 읽을 때도 있었겠지. 집에 놀러 온 친구에게 속 이야기를 터놓기도 하고, 가족과 함께 떠난 여름휴가에서 시원한 수박을 나누어 먹었을지도 모른다. 남겨진 사진들을 찬찬히 살펴보며 나는 고모의 여러 순간과 마주하고 있었다.

  2020년 3월 26일, 집에서 아빠의 두 번째 인터뷰를 촬영했다. 첫 번째 인터뷰가 2018년 8월에 진행되었으니 약 1년 반 만에 이루어진 인터뷰인 셈이었다. 그사이 많은 일이 있었다. 〈양양〉이라는 영화를 만들겠다고 결심했고, 또 대학원을 졸업하고 결혼도 하며 삶의 변화를 맞이했다. 결혼 이후 일상이 크게 달라지지는 않았다. 달라진 점이 있다면, 이제는 내가 선택한 사람과 함께 만들어 가는 가족도 원가족만큼이나 중요하고 소중해졌다는 것이었다. 첫 촬영 때는 촬영지에 함께 오지 않았던 남편이자 동료 두현이 이번 촬영에는 프로듀서이자 촬영감독으로 광주에 동행했다.

  "박 서방, 아, 내가 술도 안 먹었는데 왜 이러지."

긴장한 아빠는 고 서방을 박 서방으로 부르며 그 자리에 있던 모두에게 시작부터 큰 웃음을 주었다. 사위를 호칭하는 일도, 사위 앞에서 가족 이야기를 해야 하는 일도 쉽지 않은 거겠지. 생각해 보니 두 번째 인터뷰는 내가 결혼하고 불과 2개월이 지난 시점에 이뤄졌다. 그러나 이외에도 아빠가 긴장한 이유는 또 있었다. 첫 촬영 때와는 달리 이번 촬영에는 카메라와 조명 장비, 촬영팀이 추가되었기 때문이었다. 첫 번째 인터뷰는 카메라 한 대를 사이에 두고 나와 아빠가 대화를 나눈 것에 가까웠다면, 이번에는 본격적인 다큐멘터리 영화 촬영의 세팅이었다. 아빠는 촬영하기 싫다고 대놓고 말하진 않았지만, 하기 싫어하는 기색이 역력했다. 애써 그 표정을 모른 척하면서 서둘러 촬영을 준비했다. 아빠만큼이나 나도 긴장이 되었다.

 마침내, 아빠와 나는 다시 카메라를 중간에 두고 마주 보며 앉았다. 첫 인터뷰 때는 여름이라 더웠던 기억이 있었는데, 이번에는 겨울과 봄 사이라 제법 서늘했다. 거실 바닥에서 은은한 보일러 온기가 느껴졌다. 두 번째 인터뷰는 첫 번째 인터뷰에 비해 이야기를 꺼내는 게 쉽지 않았다. 첫 번째 인터뷰에서는 주로 사실관계나 정보에 집중된 대화가 오갔다면, 이번에는 감정과 마음이 오가는 대화를 나눌 예정이었다. 걱정이 앞섰다. 평소에도 아빠와 나는 서로의 감정에 관한 대화를 하지 않았기 때문이다. 아빠의 감정을 끌어내겠다는 이번 촬영의 목표는 주춤거리는 내 마음 안에서 점점 작아지고 있었다.

감정에 관한 대화를 나누기 위해 따로 준비해 온 것들이 있었다. 어린 시절 고모와 아빠의 모습이 담긴 사진들이었다. 인터뷰 중에 아빠에게 사진을 보여 주면서 고모에 대해 남아 있는 아빠의 마음을 좀 더 묻고 싶었다.

"고문이다, 고문."

어렵게 세팅된 카메라 앞에서 내뱉은 아빠의 첫 마디였다. 아빠의 말을 듣고 멋쩍은 듯 웃었다. 그리고 인터뷰를 시작하겠다는 말과 함께 준비해 둔 질문을 던지기 시작했다. 아빠의 표정에는 긴장감과 약간의 짜증, 난감함이 교차했다. 그런 반응에 익숙한 듯 인터뷰를 계속 이어 나갔다. 그리고 고모의 이야기로 들어가기 직전, 준비한 사진을 아빠에게 조심스레 건넸다.

잠깐의 정적이 흘렀다. 아빠는 안경을 가져와 사진을 찬찬히 살펴보기 시작했다. 침묵이 온 공간을 가득 채웠다. 어쩌면 이번 촬영에서 나에게 가장 필요했던 것은 그 순간이었을지도 모르겠다. 나도 사진을 보는 아빠의 눈을 바라보고 있었다. 입으로는 아무 말도 나오고 있지 않았지만, 아빠의 눈은 분명 여러 감정을 풀어내고 있는 게 분명했다. 반가움과 새삼스러움, 그리움과 슬픔이 교차하며 흘러가는 듯 보였다.

사진을 다 본 뒤, 아빠는 조금 더 편안해 보이는 표정으로 어린 시절 기억을 하나둘 풀기 시작했다. 그중에는 옥수수빵에 관한 기억도 있었다.

"그때 먹을 게 너무 없으니까 국민학교에서 옥수수로 만든 빵을 나눠 줬어. 학생들 먹으라고. 그러면 누나는 한 3분의 1이나 먹고 나머지를 가지고 와. 동생들 준다고. 그거를 받아 먹었더니 굉장히 맛있더라고. 그런 기억이 나. 꼭 그 빵을 가져다 줬어. 나는 누나 오기만을 기다렸지."

옥수수빵에 얽힌 기억을 이야기하는 아빠의 얼굴에서 순간적으로 행복한 미소가 스쳤다. 시간이 지나도 선명한 그 기억을 마주하며 아빠에게 이어 질문했다.

"아빠에게 누나에 대한 기억이 어떻게 남아 있는지가 궁금했어. 그동안 왜 이야기를 안 하려고 했던 거야?"

아빠의 눈을 바라봤다. 얼마 뒤 아빠가 대답했다.

"그렇게 뭐 아름다운 이야기도 아닌데⋯⋯ 누나 이야기를 잘 안 하려고 했지. 생각하면 마음 아프니까. 모든 인간은 똑같아야 하는데 왜 남자 위주로 이 사회가 흘러갈까. 내가 철이 들고 성인이 되니까 그런 생각을 하게 된 거야. 우리 누나도 좀 더 딸을 이해해 주고 지지해 주는 그런 아버지를 만났다면 어땠을까. 이걸 나 혼자 속으로만 생각하는 거지. 그렇지만 그냥 순간적으

인터뷰 도중 어릴 적 가족사진을 살펴보는 아빠.

로 그런 생각을 잠시 할 뿐이고 바로 나의 일상 속으로 돌아와 버리지."

처음 듣는 아빠의 마음이었다. 나는 아빠의 말을 들으며 아빠의 눈을 계속 바라봤고, 아빠는 내 눈을 보다가 다른 곳을 응시하기도 하며 시선을 여러 번 옮겼다.

"그럼, 아빠는 나랑 남동생을 키우면서는 아들과 딸 사이에 차이를 두지 않으려고 의식적으로 노력한다거나 그런 지점이 있었어?"

아빠의 말을 듣고 공감 어린 말을 건네는 대신 이런 질문을 던졌다. 나도 모르게 순간적으로 터져 나온 질문이었다. 어쩌면 오래전부터 묻고 싶었던, 마음 깊숙한 곳에 존재하고 있던 질문이었을지도 모르겠다. 혼자 떠올렸다가 새삼스럽다는 이유로, 중요하지 않다는 이유로 그냥 넘겨 버리던 질문이었다.

"이성적으로는 똑같이 대해야 한다고 생각했지만, 아빠 마음속에도 아들 쪽으로 0.1그램이라도 더 무게가 가지 않았었는가, 그런 생각을 해 보지."

예상하지 못한 답변이었다. 아니, 어쩌면 어렴풋이 알고 있던 마음이었을지도 모르겠다. 아빠의 대답을 들은 뒤 준비해 둔 질문을 이어서 꺼내기가 쉽지 않았다. 마음 깊숙한 곳에 묵혀 둔 서운함과 억울함이 올라왔다. 이 감정을 어떻게 표현해야 할지

몰라 잠시 질문을 멈추고 호흡을 가다듬었다. 더 놀라웠던 건 아빠의 다음 말이었다.

"아빠가 생각했을 때 솔직히 너보다는 네 동생이 더 머리가 좋고, 솔직히 아들에 대한 기대감이 컸다고 봐야지."

"근데 왜 걔가 나보다 더 똑똑하다고 생각했어?"

나도 모르게 터져 나온 질문이었다. 아빠의 답이 바로 이어졌다.

"더 똑똑하다고 생각한 이유는, 할아버지가 네 동생 사주를 보니까 큰 거목, 나라의 큰 기둥이 될 사주다, 그 이야기를 하더라고. 대학에 다닐 때도 그렇고, 졸업하고 취업할 때도 그렇고, 아직까지는 큰 실패 없이 쭉 오고 있잖아. 그래서 그랬던 것 같아."

할 말을 잃게 하는 대답이었다. 내 사주는 어땠냐는 질문에 아빠는 기억이 안 난다고 짧게 답했다. 서운했다. 겉으로는 덤덤한 척 그날의 인터뷰를 마쳤지만, 속으로는 터져 나오는 여러 감정으로 혼란스러웠다.

그렇지만 그날 아빠가 들려 준 이야기에서 서운함만 느낀 것은 아니었다. 나는 기억하지 못하는 우리 둘에 대한 기억이 나를 당황스럽게 하기도 했다. 아빠의 기억에 따르면, 스무 살이 막 넘은 내가 할머니와 함께 갔던 순천 여행에서 처음으로 아빠에게 다정하게 말을 건네 주었다고 한다. 아빠의 표현으로는,

내가 아빠에게 처음으로 마음을 연 순간이었다. 아무리 떠올려 봐도 내게는 없는 기억이었지만, 그 이야기를 꺼내는 아빠의 기쁜 표정을 보며 알 수 없는 눈물을 흘렸다. 그 눈물의 의미는 뭐였을까. 너무도 오랫동안 아빠와 이런 대화를 나누지 못했다는 안타까움이었을까, 지금이라도 이런 이야기를 나눌 수 있어 다행이라는 안도감이었을까.

고모가 살던 시간에 관한 질문에서 시작한 인터뷰가 어느새 나와 아빠의 시간에 관한 이야기로 흘러가고 있었다. 예상했던 이야기도, 예상하지 못한 이야기도 있었지만 상관없었다. 고모라는 존재가 나에게 미치는 여러 파동처럼 느껴졌다. 인터뷰를 마치고 한 가지 분명해진 건, 이 이야기는 고모의 이야기이기도 하지만 아빠와 나의 관계에 관한 이야기이기도 하다는 것이었다.

4. 사라진 과거

 아빠와 고모가 어린 시절 살았던 집을 포함해 철길을 따라 한옥들이 빽빽하게 자리 잡았었다는 동네, 광주 계림동. 언젠가 답답한 마음에 혼자 계림동 일대를 산책하듯 걸었던 적이 있다. 이제는 더 이상 기차가 달리지 않는 끊어진 철길 맞은편으로 문을 닫은 잉어빵 포장마차 자리가 보이고, 그 너머로는 "새로운 광주로 9월에 돌아옵니다"라는 플래카드가 커다랗게 붙어 있었다. 그러고 보니 온 주위가 다 공사판이었다. 언젠가 아빠가 말해 준 적이 있는 이모할머니 댁은 이미 헐려 있었고, 아빠가 살던 집도 모두 사라지고, 아파트 건설공사가 한창 진행 중이었다. 과거가 완전히 사라지지 않고 현재, 미래와 공존하는 것은 불가능한 걸까. 공사 현장에 헐겁게 세워진 천막 너머로 줄 없이 뛰어다니는 커다란 개 네 마리를 봤다. 온갖 쓰레기들이 흙과 함께 뭉쳐져 악취를 풍기는 곳을 개들이 뛰어다니고 있었다. 나는 차마 개들과 눈을 마주치지 못하고 성급히 자리를 피했다. 마음속으로는 9월이 오지 않기를 바라고 있었다.

다음 날 해 질 무렵, 다시 계림동을 찾았다. 광주교육대학교 정문 맞은편, 천막으로 둘러싸인 곳에 아직 헐리지 않는 집들이 보였다. 붉은 벽돌집들이 가지런하게 줄 서 있었다. 중간중간에는 한옥도 보였다. 그 모습이 괜스레 반가워 카메라에 오래 담아 보기도 했다. 아빠는 어린 시절 살았던 집이 ㄷ자 모양의 한옥이었다고 했다. 마당이 있던 그 집에서 온 가족이 모여 살았던 시절에 관해 이야기해 준 적이 있다. 부엌 바로 옆에 있던 작은 방이 고모 방이었는데, 고모는 그 방에 들어가서 주로 책을 보고 밖으로는 잘 나오지 않았다고 했다. 고모의 방이 궁금했던 나는 괜히 모든 게 헐려 버린 공터 주변을 맴돌며 아쉬워했다.

조용히 사라진 존재들이 잠들어 있는 방을 보고 싶었다. 그 방에서 홀로 자신만의 꿈을 키우고 시간을 보냈을 고모를 떠올리고 싶었다. 계림동이 70년대만 해도 한옥이 빽빽한 동네였다는 것도, 기차가 다녔다는 것도, 모두 다 새로웠다. 시간의 흔적들은 빠르게 헐리고 아파트로 채워진다. 아직 허물어지지 않은 한옥 한 채 너머로 고층 아파트가 보이는 풍경을 오래 바라보고 있었다. 과거는 늘 새롭게 발굴되고 재해석되는 과정이 필요하다고 믿지만, 현실에서 과거는 이미 빠르게 사라져 버린 이후일 때가 더 많다. 나는 그 사라진 과거 속에서 겨우 몇 조각을 찾아내어 붙잡고 있을 뿐이었다.

2019년, 광주 지역 관련 사진과 동영상 자료를 찾기 위해 광주시청을 방문한 적이 있다. 광주시청의 시청각자료실 홈페이지에서 먼저 디지털화되어 올라온 사진 자료들을 살펴보고는 그보다 더 많은 자료를 볼 수 있을 거란 기대와 설렘으로 길을 나섰다. 담당자에게 미리 전화로 방문 일정을 잡고 처음으로 광주시청 안으로 들어갔다.

  일단 시청 안에서 시청각자료실을 찾는 것부터가 난관이었다. 시청 어디에도 '시청각자료실'의 위치를 알려 주는 안내판이 없었다. 이때부터 불안감이 조금씩 올라오기 시작했다. 시청각자료실이 있긴 한 걸까. 온라인으로만 존재하는 부서인 게 아닐까. 담당자에게 다시 전화를 걸어 위치를 물었다. 시청각자료실은 생각했던 것보다 더 외진 지하에 있었다. 담당자는 나를 보더니 여기까지 찾아온 사람은 내가 처음이라는 표정으로 반겨 주었다.

  담당자에게 〈양양〉에 관해 짧게 소개한 뒤 70년대 광주가 담긴 사진과 영상 자료들을 보고 싶다고 말했다. 혹시 따로 관리하는 리스트가 있으면 보여 달라는 요청도 건넸다. 담당자는 즉각적인 대답 대신 난처하면서도 미안한 표정으로 커피를 내려 주었다. 그 시간이 어찌나 천천히 흐르던지. 은은하게 퍼져 오는 커피 향을 맡으며 초조하게 자료를 기다렸다. 담당자는 현재 광주 시청각자료실에선 1987년 이후의 자료들만 관리하고 있다는 사실을 천천히 털어놓았다. 그 자료들마저 디지털로 변환이 다 안 된 상황이라 직접 보기는 힘들다고 했다. 왠지 헛헛했다. 혼자서 시청각자료실의 모든 일뿐만 아니라 다른 업무까지 병행하고 있다는 담당자의 한숨 섞인 하소연을 뒤로하고 안타깝고 허탈한 마음으로 시청각자료실을 나왔다.

그냥 돌아가기 아쉬운 마음에 시청각자료실 옆에 있던 자료관을 찾았다. 이곳에는 광주와 관련된 도서들이 도서관처럼 진열되어 있었다. 여기에서 몇 권의 책을 참고삼아 살펴보았다. 《사진으로 본 광주 100년》《민주장정100년, 광주·전남지역사회운동사: 여성운동》에는 고모가 어린 시절 살았던 계림동 일대의 사진 몇 장과 광주역, 무등산 사진이 담겨 있었다. 흑백사진 속 광주의 모습이 신기하면서도 흥미로웠다. 무엇보다 80년 이후의 광주는 상대적으로 볼 기회가 많이 있었지만 그 이전의 모습은 본 적이 거의 없었기에 그 시간 속에서 존재하고 있는 광주의 모습이 새로웠다.

《민주장정100년, 광주·전남지역사회운동사》는 광주 지역에서 일었던 80년 이전의 사회운동이 궁금해서 살펴본 책이었다. 그중에 인상 깊은 문구를 몇 줄 메모했다. "광주에서는 1972년 12월 5일 전남대 학생들이 중심이 된 전국 최초의 유신 반대운동인 '함성'이라는 유신 반대 유인물 사건이 일어났다. 1974년 봄에는 '전국민주청년학생총연맹' 운동이 발생하였다" "1978년 6월 27일 전남대에서는 '우리의 교육 지표'가 발표되었다. 학생들이 천명한 교육 지표는 사람을 존중하는 교육, 진실을 배우고 가르치는 교육을 대안으로 제시했다"라는 내용이었다. 그 당시 대학생들의 목소리를 접할 수 있어서 좋았다.

아빠와 함께 계림동을 돌던 날, 빈집과 허물어진 흔적들, 폐허같이 남아 버린 자리 어딘가를 가리키며 아빠가 말했다.

"아마 여기쯤이었던 것 같아, 어렸을 때 살았던 집이."

기억을 더듬는 아빠를 카메라와 함께 따라갔다. 모든 흔적이 사라진 자리에는 어떤 기억이 남게 될까? 카메라에는 오래된 과거가 아니라 완전히 새로운 현재만이 담겨 있었다. 어쩌면 그 날 내가 보지 못했던 과거는 고모에 관한 기억과도 닮아 있을지 모른다. 그 기억은 이어지고 쌓이는 것이 아니라, 무너지고 완전히 새로워진다. 기억이 텅 비어 있는 자리에 새삼스러움만 고개를 내민다. 과거를 이야기하는 일이 새삼스러운 일이 되어 버린다. 카메라에 담을 수 없는 과거를 상상하며, 나는 미지의 시간을 계속해서 궁금해할 수밖에 없었다.

"이상하다. 왜 이렇게까지 기억이 안 나지. 진짜 기억이 잘 안

나네."

　함께 공터를 걷는 동안 아빠가 자꾸 혼잣말을 하는 건 이상한 일이 아니었다. 모든 것이 사라진 자리에서는 기억들 역시 방향을 잃는다.

5. 이름의 시간

지영(芝瑛)

출생: 서기 1953년 8월 23일

개명: [개명 허가일] 1970년 3월 17일

    [개명 내용] 하숙을 지영으로 개명

창고 안에서 우연히 서류 뭉치를 발견했다. 아무것도 적혀 있지 않은 하얀색 편지 봉투 안에 가지런히 접힌 몇 장의 서류들. "호적등본(말소, 제적된 자 포함)"이라 적힌, 할아버지를 중심으로 정리된 가족 명단이었다. 2004년 3월 3일 발행되었다는 도장이 찍힌 그 서류는 아마 할아버지가 돌아가시기 전, 아빠가 마지막으로 할아버지가 호주로 되어 있는 호적등본을 떼어 봤던 내역으로 추측된다. 그 종이를 넘기다가 나는 '양지영'이란 이름을 다시 발견했다. 이름 밑에는 작은 글씨로 '제적'이라고 적혀 있었다. 다행히 제적된 사람의 정보도 호적등본에 모두 포함되어 있었다. 거기서 고모의 출생, 주민등록번호, 개명

정보가 적힌 내용을 확인할 수 있었다.

 1953년. 고모가 태어난 해였다. 1953년 8월 23일, 고모는 한국전쟁이 정전되고 약 한 달 만에 태어난 것이었다. 고모는 여름이 저물고 전쟁이 끝나 가는 길목에서 '하숙'이라는 이름을 갖게 되었다. 1953년 8월 5일, 판문점에서는 남북 포로 교환이 시작되었고, 1953년 8월 15일, 부산으로 옮겼던 대한민국 정부는 서울로 돌아오고 있었다. 하지만 평화는 요원했다. 미국과 소련의 대립은 여전히 팽팽했고, 한반도에는 비무장지대를 기준으로 남과 북을 구분하는 군사분계선이 설치되었다. 약 4년간의 전쟁이 중단되고 나라 안팎의 상황이 급격하게 달라지고 있던 시점에 그녀는 전라남도 광주의 한 마을에서 태어났다.

 그래도 새로운 세상이 시작된 것만은 분명해 보였다. 지긋지긋했던 전쟁이 끝나고 장마도 지나가고 사람들은 하나둘 전쟁 전의 일상을 회복하려고 안간힘을 썼을 것이다. 4년 동안 마치 아무 일도 없었다는 듯이. 하지만 모두가 알고 있었다. 그들 중 그 누구도 절대로 전쟁 전으로 돌아갈 수는 없다는 것을. 공부가 하고 싶었던 학생들은 학교를 잃고, 사랑이 그리웠던 누군가는 가족을 잃었다. 마을의 시가지가 회복되고 군인들을 우연히 마주치는 횟수가 점점 줄어들고 있었지만, 모두 마음 깊숙한 곳에 두려움을 품고 있었다. 한순간에 모든 것을 사라지게 만들

수도 있는 전쟁의 두려움을. 강한 자만이 살아남고 약한 자는 하릴없이 짓밟힐 수밖에 없는 전쟁의 리듬을 모두가 기억하고 있었다.

전쟁을 겪어 보지 못한 세대로서 나는 고모가 태어난 세상을 상상조차 할 수 없다. 전쟁이 끝나고 한 달 뒤의 세상은 어땠을까? 마을 곳곳에는 여전히 군인들이 보이고, 돌아오지 못하는 이웃이 하나둘 생기고 있었을 터였다. 다시 돌아온 고향은 전쟁 전과는 다른 얼굴을 띄고, 당장 먹고사는 문제 역시 새롭게 시작되어야 했을 것이다. 그런 와중에 고모가 태어났다. 여름에 태어났다는 이유로 여름 하에 맑을 숙 자를 써서 '하숙'이라는 이름이 붙여졌다.

나는 할아버지가 한국전쟁 당시 무슨 일을 했는지, 어디에 있었는지 알지 못한다. 들어 본 적도 없고 물어본 적도 없었다. 다만 할아버지가 아들이 귀한 집안에서 태어났다는 사실만 들어 알고 있었다. 할아버지는 1928년 3월 3일 제주 양씨가 모여 살던 화순군 이양면 마을에서 태어났다. 그가 태어나던 날, 온 집안사람들은 기뻐하며 태어난 아이에게 많은 기대를 걸었다. 그 아이는 뜻을 크게 이으라는 의미로 '대승'이라는 이름을 얻었다.

하지만 1928년 일제감정기의 조선인에게 큰 뜻을 이어 간다는 것은 너무나 아득한 과업이었다. 제대로 된 교육을 받는 것 자체가 사치에 가까운 세상이었다. 그럴 때일수록 십 대의 대승은 특유의 강인한 집념과 냉철한 의지를 재능 삼아 어떻게든 무너져 가는 집안과 나라를 일으키겠다고 결심했을 것이다. 어린 그는 일본으로 건너가 어느 제조공장에서 악착같이 일을 했지만 쉽지 않았다. 돈을 버는 일도 살아남는 일도 하루하루 새로운 고난처럼 느껴졌다. 결국 그는 고향에 있는 엄마가 너무 보고 싶다는 이유를 앞세워 도망치듯 한국으로 돌아왔다. 그 뒤로 그는 광주로 건너가 철도청 공무원이 되었다. 그리고 전쟁이 잠잠해지던 어느 날, 중매로 아내 '삼례', 나의 할머니를 만났다.

할머니는 1932년 12월 27일 나주에서 태어났다. 딸 많은 집안의 셋째 딸로 태어난 그녀가 얻은 이름은 삼례가 아니라 '삼순'이었다. 홍어가 유명한 나주 영산포 부근에서 언니들과 함께 자라던 삼순이는 한국전쟁 이후 중매결혼으로 대승을 만나 광주에 터를 잡았다. 1953년 여름, 첫째 딸 하숙이 태어나던 날, 그녀는 전쟁이 끝나고 찾아온 딸이 사랑스러웠을 것이다. 아니 버거웠을 수도 있겠다. 몇 년 뒤 삼순은 자신의 이름을 '순'에서 '례'로 바꾸었다. 석 삼, 예절 례. 삼순은 삼례가 되었다.

고모가 태어나고 4년이 지난 뒤 아빠가 태어났다. 1957년 6월 1일, 대승은 세상을 다 얻은 것처럼 기뻐했다. 드디어 가족의 대를 이을 아들이 태어난 것이었다. 아빠는 집안 남성에게만 허락된 규칙인 항렬자에 맞추어 '동근'이라는 이름을 얻었다. 온 가족의 사랑이 동근에게로 집중되었다. 대승의 엄마도, 대승도, 삼례도 모두가 아들로 태어난 동근을 귀하게 여겼다. 동근은 사랑하는 것보다는 사랑받는 것이 더 익숙했다. 하숙도 그런 동근이 밉지는 않았다. 동근의 어린 시절은 흘러넘치는 사랑과 함께 채워졌다. 그로부터 대략 13년이 흐른 1970년 3월 17일, 동근이 중학교에 진학했을 때 동근은 '철원'이 되었다. 밝을 철, 근원 원. 세상의 근원을 알아 가는 밝은 눈을 가지라는 의미로 대승과 삼례는 동근에게 개명을 제안했다. 친구들과 나가 놀기를 좋아하고 책을 멀리했던 동근은 신기하게도 철원이 된 뒤부터 책을 보기 시작했다.

한편 하숙도 자신의 이름이 마음에 들지 않았다. 최희준이 부른 〈하숙생〉이라는 노래가 유행하던 시절이었다. "인생은 나그넷길, 어디서 왔다가 어디로 가는가." 짓궂은 친구들은 노래를 부르며 하숙을 놀렸고, 십 대 소녀였던 하숙은 적잖이 상처를 받았다. 하숙은 동근의 이름이 철원으로 바뀌는 상황을 기회로 삼았고, 자신도 이름을 바꾸고 싶다고 대승과 삼례를 적극적으로 설득했다.

결국 남동생의 이름이 바뀌던 1970년 3월 17일, 하숙 역시

'지영'이 되었다. 지초 지에 옥빛 영. 아름다운 풀처럼, 영롱한 옥빛을 내며 살겠다는 뜻으로 고등학교 2학년이던 그녀가 선택한 새로운 이름이었다.

지영이라는 이름을 생각하며, 초성이 같은 내 이름 '주연'을 떠올렸다. 그러고 보니 지금까지 내 이름에 대해 유심히 생각해 본 적이 있었나. 내가 태어나고 할아버지와 할머니는 광주에서 유명했던 한 철학관에서 주연이라는 이름을 받아 왔다고 했다. 붉을 주, 시내 연. 붉은 연꽃이 피어난 개울을 의미하는 걸까? 내가 들어 아는 것은 그뿐. 다른 것에 대해선 들은 적도, 궁금해한 적도 없었다. 이제야 나는 내 이름에 대한 질문을 던지고 있었다.

아들과 딸이 마주하는 차별은 이름에서부터 시작된다. 아들의 이름을 지을 때와 딸의 이름을 지을 때 사용하는 한자도 의미도 확연히 다르다. 아빠의 이름에는 '근원 원'이라는 한자가 들어갔지만, 고모의 이름에는 '지초 지'라는 풀 이름의 한자가 들어가 있다. 할아버지의 이름에는 '이을 승'이라는 한자가 있고, 할머니의 이름에는 '예절 례'라는 한자가 있다. 태어나면서 주어지는 이름에는 이미 다른 질서와 기대가 반영되어 있다. 이름은 모두에게 평등하지 않았다.

우리 가족에겐 "양씨 가족의 무덤"이라는 글자가 새겨진 커다란 돌이 입구에 박혀 있는 묘소가 있다. 네 평 남짓한 크기의 묘소에 할아버지의 유골함이 있고, 할머니의 유골함이 있고, 한 번도 본 적 없는 증조할머니의 유골함이 있다. 새삼스레 고모의 흔적을 찾기 위해 카메라를 들고서 어렸을 때부터 자주 오갔던 이곳을 찾았다. 오래된 가족의 흔적이 머물러 있는 특별하고 평범한 장소에 말이다.

푸른색 잔디로 둘러싸여 있는 묘소는 약간의 경사가 있는 구등시의 초입에 있다. 묘소 주변으로는 커다란 나무들이 하늘과 땅 사이를 메꾸고 있다. 나는 마치 이곳에 처음 오는 사람처럼 주변을 살피고는 천천히 묘소 쪽으로 향하며 가족의 흔적을 찾았다. 묘소 앞에 길쭉하게 박혀 있는 비석을 자세히 살펴보았다. 비석 뒤편에 새겨진 빼곡한 이름들에 시선이 오래 머물렀다. 비석 뒤편의 이름들을 계속해서 읽어 내려갔다.

그중에는 내 이름도 있었다. 하지만 어디에도 고모 이름은 없었다. 아빠 이름, 작은아빠들 이름, 엄마 이름, 작은엄마들 이름도 모두 있는데 고모 이름은 없었다. 고모는 가족이라는 집합 속에 들어오지 못한 걸까? 자살했다는 이유로? 아니면 일찍 죽었다는 이유로? 가족 모임에서조차 고모에 관해 이야기하는 걸 들은 적이 없다는 사실이 다시금 상기되었다.

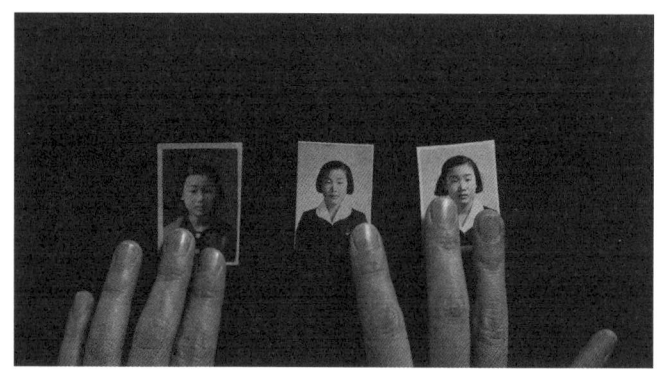

고모 양지영의 국민학교, 중학교, 고등학교 때 모습이 담긴 증명사진과 주연의 손.

6. 공부해야 하는 삶

"그 시절 우리 집에서는 공부밖에는 희망이 없었다고 봐야지. 고모는 공부를 그렇게 열심히 했었어."

인터뷰 도중에 들은 아빠의 말이 계속 여운을 남겼다. 남겨진 고모의 물건은 사진을 제외하고는 고모가 읽던 책 몇 권이 전부였다. 고모가 줄을 그으며 읽었던 흔적들을 보면서 홀로 책을 보며 공부하는 고모의 모습을 상상했다. 고모는 혼자 열심히 공부하며 당시 광주의 여학교 중에서 가장 들어가기 어려웠다는 전남여자중학교와 전남여자고등학교에 입학했다. 아빠의 말에 따르면 당시에는 전남여자고등학교 교복을 입고 동네를 걸으면 온 동네 사람들이 다 쳐다볼 정도였다고 한다. 전남여자고등학교의 상징이던 육각별 모양의 교표를 왼쪽 가슴 하단에 달고 걸으면, 광주 시내의 모두가 동경했다니. 고교평준화 정책이 시행되고 난 후 학창 시절을 보낸 나로서는 낯설게 느껴지는 장면이었다. 그 손톱만 한 육각별 모양의 교표를 달고 하늘만 한 자부심과 자신감을 두 어깨 위에 올리고서 매일 학교를 오갔을 고모의 모습을 떠올렸다.

고모의 사진들을 찬찬히 살펴보았다. 전남여자고등학교 건물에서 찍힌 사진이 많았다. 고모 혼자 찍힌 사진도, 친구들과 함께 찍힌 사진들도 있었다. 고등학교 시절 사진 속 고모의 표정은 생기 있어 보였다.

사진 하나. '반공' '방첩'이란 글자가 커다랗게 적힌 고등학교 건물 바로 앞에서 교복을 입고 카메라를 향해 옅은 미소를 띠고 있는 고모 모습이 보인다. 귀 아래로 내려오는 단정한 단발머리의 고모는 몸을 한쪽으로 틀어 카메라를 향해 포즈를 취하고 있

다. 고모의 표정이 어딘가 수줍으면서도 자랑스러워 보인다. 고모 오른손 너머로 볼록하게 올라와 있는 조형물이 눈에 들어온다. 고모 뒤쪽으로는 학교 안쪽을 향해 서 있는 양복 차림의 남성이 있다. 고모는 쉬는 시간에 잠깐 바깥으로 나와서 사진을 찍은 걸까? 아니면 졸업식 같은 특별한 날에 학교 건물 입구에서 사진을 찍은 걸까?

사진 둘. 고모는 어딘가로 친구들과 함께 소풍을 가서 즐겁게 김밥을 먹고 있다. 가장 왼쪽에 앉아 젓가락으로 김밥을 하나 들고서 카메라를 향해 환하게 웃고 있는 고모의 모습이 보인다. 그 옆으로는 수줍게 김밥을 먹으며 함께 카메라를 의식하고 있는 친구들도 있다. 사진 너머로 그녀들의 웃음소리와 쾌활한 목소리가 전해지는 듯했다. 운동화를 신고 잔디밭에 앉아 행복한 시간을 보내고 있는 고모의 모습을 한참 동안 바라봤다.

 사진 셋. 산속에서 고모는 나무에 기대어 앉아 하늘을 바라보며 수줍게 포즈를 취하고 있다. 얼굴에 살짝 웃음을 머금고 있다. 앙상한 나뭇가지 너머로 가을빛이 새어 들어온다. 한 손을 나무에 올려 두고서 어색하지만 즐겁게 기념사진을 남긴 고모의 모습이 인상적이다.

 고모의 고등학교 시절 사진들을 보니 고모의 학교에 가 봐야겠다는 마음이 들었다. 그곳에 가면 왠지 미소 가득했던 고모의 시간을 만날 수 있을 것만 같았다. 검색해 보니 고모가 다녔던 고등학교 건물은 이제 역사관으로 바뀌어 유지 중이었다. 한편으로는 아쉽지만, 또 한편으로는 다행이었다. 역사관으로 운영되지 않았다면 건물 자체가 사라졌을 확률이 높았을 테니 말이다.

동백꽃이 화사하게 피어 있는 늦겨울 전남여고 역사관을 찾았다. 미리 방문 예약을 한 터라 그곳을 운영하는 역사관장님과 역사실장님이 반겨 주었다. 두 분 모두 전남여자고등학교 졸업생들이었다. 반갑게 인사를 드린 뒤 내 소개를 했다.

"안녕하세요. 저는 고모에 대한 다큐멘터리를 만들고 있는 감독이자 조카인데요, 저희 고모는……"

그러고 보니 처음이었다. 내 입으로 '조카'라는 말을 꺼낸 게. 속으로 매우 어색하고 이상하다고 생각했지만, 겉으로는 최대한 자연스럽게 내 소개와 방문 목적에 대한 설명을 마쳤다. 내 이야기를 들은 뒤 두 분은 고모의 사연에 안타까워하면서 기꺼이 역사관 투어를 진행해 주셨다. 옛 학교 건물의 외형은 예전 그대로 보존되어 있었고, 내부는 전시실로 리모델링되어 박물관처럼 운영되고 있었다. 전남여고를 졸업한 자랑스러운 동문을 소개하는 패널에서부터 과거의 모습을 재현해 둔 교실, 교복의 변천사를 살필 수 있게 전시된 마네킹과 기록사진들까지. 나는 두 분의 안내를 따라 역사관 구석구석을 둘러보았다. 낡은 나무 바닥은 미처 보수가 안 됐는지 걸음을 옮길 때마다 삐거덕거리는 소리를 냈는데, 마치 잠들어 있던 학교의 영령들에게 인사를 건네는 소리 같았다.

그러다 전시실 한편의 유리 진열장에서 '홈룸 일지'라고 적힌 낡은 책자를 발견했다. 학생들이 직접 손으로 꾸몄는지 책 표지에는 삐뚤빼뚤하지만 정성스러운 손 글씨로 제목과 작성 연도가 쓰여 있었다. 역사관장님과 역사실장님 역시 그 책을 오랜만에 보는지 무척 반가워하셨다. 진열장을 여니 두 권의 일지가 놓여 있었다. 진열장 안에 있었지만 일지들 위에 먼지가 희미하게 내려앉아 있었다.

1969년과 1970년. 고모가 1학년일 때와 2학년일 때이다. 두 분은 홈룸 일지 대부분이 유실되고, 역사관에 딱 두 권만 남았는데 어떻게 그 두 권이 마침 고모가 학교에 다니던 시기일 수 있냐며 놀라워했다. 금방이라도 바스러질 것 같은 낡은 종이를 한 장 한 장 넘기니 학급별 학생 명단과 단체 사진이 고스란히 남겨져 있었다. 그러다 어느 페이지에서 문득 고모 얼굴이 나도 모르게 한눈에 찾아졌다.

"어? 이분이 저희 고모예요."

검지를 들어 단체 사진 앞쪽을 가리켰다. 고모였다. 사진을 통해 이미 익숙해진 얼굴이어서일까, 한 번에 고모의 얼굴을 찾아낼 수 있었다. 담임 선생님 바로 옆에서 단호해 보이기도 하고, 인자해 보이기도 하는 웃음을 띤 채로 정면을 바라보고 있는 사람. 내가 고모를 가리키자, 두 분은 반응을 보였다.

"얼굴이 환하게 생기셨네. 어디에서도 눈에 띄는 얼굴이야."

괜히 기분이 좋았다. 학교에 다니는 동안 고모는 왠지 공부도 운동도 생활도 뭐든 잘했을 것만 같았다. 그렇게 한참을 홈룸 일지를 보다가 갑자기 코가 간질거리기 시작했다. 고모를 발견한 반가움도 잠시, 알레르기 반응이 일었다. 재채기와 콧물을 참을 수 없었다.

"저희 역사관이 관리가 잘되어 있는 편이거든요. 2층에는 디지털로 시스템을 만들어서 교가도 들을 수 있고, 졸업생도 검색해 볼 수가 있어요."

역사실장님의 목소리에는 졸업생이자 역사실장으로서 한 치의 의심도 없는 자부심과 자랑스러움이 느껴졌다. 나는 함께 2층으로 올라가 디지털 시스템 앞에서 고모의 이름을 검색해 보았다.

'양지영(1953년생, 현재 65살), 1969년 전남여자고등학교 입학, 1972년 전남여자고등학교 졸업'

검색 결과를 보고서 고모의 현재 나이를 떠올렸다. 내가 서른 살이니 고모와 서른 다섯 살 차이가 나는 셈이었다. 그렇구나. 고모가 지금 살아 있었다면 예순 다섯 살이겠구나. 고모의 사망 사실까지는 업데이트되지 않은 디지털 시스템을 보면서 고모의 나이 든 얼굴을 상상해 보았다. 쉽지는 않았다.

누구보다도 공부를 열심히 하며 자신만의 세계를 키워 갔을 고모의 십 대 시절. 그 시절은 역사관의 한 벽면에, 한 페이지에 고스란히 머물러 있었다. 그 흔적을 마주하며 공부밖에 할 수 있는 것이 없었다는 고모의 삶을 생각했다. 그건 나의 십 대 시절이기도 했다. 가족 안에서 내가 중심이 될 수 없다는 것을 깨달았을 때, 어느새 내 자리가 작아지고 있는 것만 같은 느낌이 들 때, 그때마다 늘 집을 떠나고 싶었다. 집을 떠나 어딘가 있을 나의 자리를, 더 넓은 세계를 찾아내고 싶었다. 고등학교를 기숙사가 있는 학교로 선택했던 것도 그 때문이었다. 가족에게서 벗어나서 독립할 수 있는 삶을 꿈꾸었다.

  그때 공부는 내가 찾아낸 유일한 방법이었다. 내가 태어난 광주라는 작은 도시를 떠나는 방법은 공부를 잘해 서울에 있는 대학에 가는 것뿐이었다. 고등학교 때 나의 꿈은 '인 서울'이었다. 나뿐만이 아니었다. 같은 반 친구들도 각자의 자리에 앉아서, 새벽부터 밤늦게까지 이어지는 고등학교 생활을 견디며, 모두 입으로 '인 서울'을 말했다. 그 시절 공부를 해야 했던 우리는 모두 비슷한 꿈을 꾸고 있었다. 공부밖에는 희망이 없었다는 고모의 이야기를 들으며, 나는 막연하고 아득한 꿈을 꾸며 공부를 해야 했던 그 시절의 내가 떠올랐다. 고모도 나처럼 집을 떠나고 싶었을까? 집을 떠나 더 넓고 커다란 세계 속으로 향하고 싶었을까? 언젠가 아빠는 고모가 서울로 대학을 가고 싶어 했다고 말했다. 서울로 충분히 갈 수 있는 성적이었다고. 하지만 할아버지는 고모가 딸이라는 이유로 서울에 가지 못하게 했다. 큰딸은 집에 남아 엄마를 도와 집안 살림을 하고 동생을 돌봐야 한다는 이유였다. 그 말을 들은 고모는 며칠간 자신의 방에서 나오지 않았고, 시험공부에도 소홀해졌다고 했다. 자신의 방 외에는 갈 곳이 없었을 고모를 떠올렸다. 스무 살, 나는 광주를 떠날 수 있었지만, 고모는 그럴 수 없었다.

7. 사소하다는 말에 가려진

 〈양양〉을 찍겠다고 마음먹었을 때만 하더라도, 나는 늘 카메라 뒤에 있는 사람이었다. 외할머니를 주인공으로 섭외한 〈옥상자국〉에서도 잠깐씩 뭔가를 묻는 목소리로만 등장했다. 카메라 앞은 익숙지 않았다. 카메라 뒤에서 끌리고 알고 싶은 세계를 담는 것이 익숙하고 편했다. 그때의 내 표정을, 얼굴을 누군가에게 보여 주고 싶지 않아서일지도 모르겠다. 마음에 드는 장면을 포착했을 때의 기쁨을, 예상하지 못한 순간이 발생했을 때의 당혹감을, 누군가의 마음에 공감하는 슬픔을, 아무도 모르게 혼자만 느끼고 지나쳤다. 카메라 뒤는 가장 안전한 탐구처였다.
 내가 스스로의 감정에 무딘 사람이라는 건 〈양양〉을 찍으면서 서서히 알게 됐다. 〈양양〉의 이야기를 듣고 나면 사람들은 대부분 이렇게 말했다. 이건 정말 감정적인 이야기라고. 눈물을 흘리는 사람도 있었다. 하지만 정작 나는 처음에 그렇게 생각하지 못했다. 감정적인 이야기라기보다는 미스터리 추리물에 가깝다고 생각했다. 고모의 죽음을 심리 부검하는 일종의 사회적

탐정이 되어, 숨겨진 진실을 찾으며 멋지게 이야기를 마무리하고 싶었다. 여기에 내 감정이 필요할 거라곤 상상조차 하지 못했다. 카메라 뒤에 있는 멋지고 냉철한 절대자처럼, 그렇게 이야기를 마무리하고 싶었다.

하지만 현실 속의 나는 멋지지도 않고 냉철하지도 못했다. 탐정이 되어야겠다는 마음보다는, 탐정은 어떤 마음일까 고민하는 일이 더 많아졌다. 명명백백한 진실이 드러나지 않을 때, 누군가가 증언을 거부할 때, 사건의 진실을 물을 때, 번번이 나 자신이 이 이야기에 다가가도 괜찮을지를 계속 자문하고 머뭇거렸다. 고모의 죽음을 묻는 일은 멈칫하고 머뭇거리는 일의 연속이었다. 나는 촬영된 장면들을 반복해서 보면서도 스스로 끊임없이 물어야만 했다. '이때 내 마음은 어땠지? 나는 어떤 감정이 들었을까?'

그 질문은 어떨 때는 나 자신을 얼게 하고, 가끔은 주저앉아 엉엉 울게 하기도 했다. 살면서 이렇게나 많이 나의 감정에 관해 자문했던 때가 있었던가. 카메라 앞에서는 그냥 스쳐 지나갔던 그 마음이 늘 시간이 지난 뒤에 나를 다시 돌아보게 했다. 그 마음들을 천천히 바라보고, 스스로 인정하고, 떠오르는 언어들을 찾는 일은 일종의 감정 훈련에 가까웠다. 그리고 마침내 그 훈련에 어느 정도 익숙해졌을 때쯤 〈양양〉은 나의 감정을 중심으로 재구성되면서 완성을 향해 갔다. 처음 기획했을 때는 상상도 할 수 없는 일이었다. 내 영화 안에서 내 마음에 대해 말한다는 것 말이다. 이제 나는 슬슬 궁금해지고 있었다. 왜 이렇게까지 스스로 감정에 무딘 사람이 되었을까.

어린 시절을 떠올리면 함께 생각나는 단어가 있다. 책임감. 나는 외가와 친가 통틀어 그 대에서 가장 먼저 태어난 자손이었다. 할머니, 할아버지 집에 사촌 동생들까지 다 같이 모였을 때, 신나게 놀다가 집으로 돌아가는 차 안에서 아빠에게 혼났던 일이 기억난다. 내가 첫째인데 동생들과 똑같이 행동했다는 게 그 이유였다. 억울한 감정이 목구멍까지 차올랐지만, 울면서 아빠의 말을 말없이 들어야만 했다. 나보다 세 살 어린 남동생은 같은 이유로 혼나는 걸 한 번도 본 적이 없었다. 동생들을 돌보지 못한 책임은 늘 첫째 딸인 내 몫이었다. 그때부터였을까. 점점 마음속으로 아빠와 거리가 생기기 시작했다.

가장 억울하고 서러운 감정으로 기억되는 순간이 있다. 그때 나는 여덟 살 정도 되는 초등학생이었다. 그날도 사촌 동생들과 어른들이 할머니, 할아버지 집에 모인 날이었다. 일본 여행을 다녀온 할머니와 할아버지를 환영하고 함께 모여 저녁 식사를 하는 자리였다. 할아버지는 짐 꾸러미 안에서 나와 남동생을 위한 선물을 꺼냈다. 그때까지 한 번도 해외에 나가 본 적이 없던 나는 잔뜩 기대감이 부풀었다. 이제 막 비행기를 타고 도착한 그 선물에 온통 신경을 집중할 수밖에 없었다. 한국에서는 한 번도 본 적 없는 파스텔 색깔의 가느다란 크레파스였다. 할아버지는 기대에 찬 나에게 기쁘게 선물을 나눠 주었다. 나에게는 12색 크레파스를, 남동생에게는 24색 크레파스를. 기대감은 당황스러움으로 바뀌었다.

"할아버지, 왜 저는 12색 크레파스예요?"

이 질문을 할아버지에게 그때 바로 했는지, 안 했는지 기억이 명확하지 않다. 명확하게 기억나는 건 할아버지가 남동생을 보며 말했던 "우리 장손"이라는 말이었다. 할아버지는 매우 흐뭇하고 사랑스러운 표정으로 남동생을 바라보고 있었다. 그 표정을 보며 차마 그 질문을 바로 하지는 못했던 것 같기도 하다. 어쩌면 내가 원했던 건 24색 크레파스가 아니라 바로 그 표정이었을지도 모르겠다. 속으로 내가 남동생보다 나이도 더 많은데 왜 장손이 아닌 건지 의아했던 기억이 난다. 도대체 장손이라는 게 뭐지? 아들만 될 수 있는 건가? 딸은 될 수 없는 건가? 그때 처음으로 인지했다. 가족 안에서 나와 남동생의 차이를.

시간이 지나서도 종종 그때 받았던 12색 크레파스가 떠오르곤 했다. 그 순간은 어떤 순간이었을까. 억울하고 서럽다는 감정이 들 때? 노력해도 달라질 수 없는 일이 있다는 걸 인정해야만 할 때? 대체로 그런 순간들은 내가 여성이라는 이유로 경험해야만 했던 차이를 인지한 순간이었다. 하지만 그때마다 나는 쉽게 내 감정을 드러내지 않았다. 아니 드러내고 싶지 않았다. 그걸 드러내는 순간, 속으로 생각했던 우려가 정말로 바뀔 수 없는 절대적인 것이 될 것만 같아 두려웠다. 차라리 혼자 속으로 사소한 문제라고 생각하고 넘어가는 편이 나았다. 이건 정말 별거 아닌 문제라고, 신경 쓸 필요도 없으니 그냥 지나치고 말자고 말이다.

영화를 찍으면서야 알았다. 그때 나는 내 감정들까지도 지나쳐 버렸다는 걸. 제때 터져 나오지 못한 감정들은 결국 현실 안에서 어떠한 이야기도 찾지 못하고 머뭇거리고 있기만 하다는 걸 말이다. 새어 나오지 못한 마음들이 나를 이 영화로 이끈 걸까, 아니면 이 영화가 나를 변화로 이끈 걸까. 뭐가 먼저였든 이제는 달라지고 싶었다. 사소하다는 이유로 스스로 외면했던 마음들에 대해서. 〈양양〉을 찍으며 나는 처음 카메라 앞에 섰다. 그건 더 이상 내 감정을 지나치지 않겠다는 결단이기도 했다.

그 자리에 계속 머물러 있는 것만 같았던 과거는 사실은 늘 현재를 배회하고 있었다. 어린 시절 내 모습이 찍힌 사진과 홈비디오 영상을 다시 보며 그때는 발견하지 못했던 내 마음을 새롭게 바라보기도 하고 그때의 나를 이해해 주기도 했다. 아홉

살, 열 살 정도 되었을까. 그때의 내 모습이 담긴 생일파티 비디오 영상을 발견한 적이 있다. 생일파티 상황이 아주 어렴풋하게 기억나는 것 같기도 하고, 기억에서 사라져 버린 것 같기도 했다. 비디오 안에서 카메라를 들고 있는 이의 목소리가 잠깐씩 들렸다. "여기 봐 봐." 아빠의 목소리였다. 이건 전혀 기억에 없는 상황이었다. 아빠가 카메라를 들고 내 생일 파티를 촬영해 줬다고? 몰랐던 사실이었다. 친구들을 잔뜩 초대해 두고 거실에서 벌이는 파티가 긴장되어서인지, 카메라가 어색해서인지, 화면 속 내 표정이 어딘가 굳어 있다. 아빠는 그런 내 모습을 잠깐 찍다가 남동생의 모습을 오래 담았다.

"희창아, 브이 해 봐. 여기 봐 봐."

다정하게 남동생의 이름을 부르며 카메라는 그 뒤로도 내가 아닌 남동생의 모습을 따라갔다. 서운했겠다. 이미 이십여 년이 훌쩍 지나 버린 뒤의 내가 그때의 나를 향해 말을 건네 본다. 갑자기 상기되는 감정을 부정하지 않고, 사소한 감정이라고 일축하지도 않고 그 감정 그대로를 들여다본다. 언제나 착한 딸이 되어야만 했던 시간 속에서 터져 나올 수 없었던 서운함과 답답함이 고모라는 렌즈와 함께 드디어 새어 나오고 있었다. 직선으로 흐르지 않는 시간을 온 마음으로 느끼며 나는 나의 시간을, 가족의 시간을 다시 써 내려가고 있었다.

3.

누군가의
　　빈자리를
　　　응시하는
　두 눈

1. 고모는 친구들의 기억을 통해

 전남여자고등학교 역사관을 둘러보고 나설 때쯤, 관장님과 실장님은 나에게 전남여고 동문 단체 카카오톡 채팅방이 있다고 귀띔을 해 주었다. 졸업생 수백 명이 들어와 있는 채팅창을 통해 고모에 대해서 아는 사람을 수소문해 보면 어떻겠냐고 넌지시 제안했다. 마침 고모의 사진들에서 본, 고모와 다정하게 사진을 찍은 친구들이 궁금하던 차였다.

 감사하다는 인사와 함께 내 연락처를 알려 드렸다. 두 분은 신속하게 카톡방에 공지를 해 주었다. 양지영이라는 졸업생의 조카가 고모를 아는 사람을 찾고 있다는 내용이었다. 몇 분 뒤부터 핸드폰이 연달아 울리기 시작했다. 단체 카톡방의 힘은 대단했다. 나는 그날 모르는 번호로 걸려 온 몇 통의 전화를 내리 받았다.

 "양주연 씨 번호인가요? 저는 지영이랑 고등학교 때 친했던 친군데…… 갑자기 카톡방에 지영이 이름이 올라와서 너무 놀라서 연락해요."

수십 년 전에 세상을 떠나 기억에서 희미해진 친구의 이름이 어느 날 갑자기 핸드폰 화면 위에 떠오른다면, 그걸 바라보는 마음은 어떨까. 수화기 너머의 목소리들은 대체로 상기되어 있었다.

"지영이 조카인가요? 어머, 무슨 일이에요? 지영이가 세상에 나 조카가 있다니."

  목소리로 만난 고모의 친구들은 지영이라는 이름에 대한 반가움과 고모에게 조카가 있었다는 사실에 대한 놀라움을 표현하며, 고모의 죽음에 대한 안타까움이 섞인 말들을 한참이고 해 주었다. 어떤 분은 한 시간도 넘게 고모와 함께 지냈던 시절의 이야기를 들려주며 고등학생으로 돌아간 듯 추억 여행을 떠났고, 또 다른 분은 내 목소리를 듣자마자 흐느껴 울며 '지영'의 이름을 목 놓아 불렀다. 어떤 분은 지영이와 지영이 남동생과 함께 처음으로 라면을 먹었다며, 내가 그 남동생의 딸이냐고 놀라워하며 묻기도 했다. 양지영이라는 존재가 맺었던 다양한 관계를 마주하면서 사진 속에만 머물던 고모가 점점 형체를 갖추는 듯한 기분이 들었다.

"나는 형제간이 없이 딸 하나인데 지영이는 동생도 있고 그래서 그게 부러웠었지. 내가 지영이를 많이 좋아하고 의지하고 그랬어. 지영이도 우리 집에 자주 오고 나도 지영이 집에 자주

가고. 지영이가 큰딸이라서 리더십도 있고 친구들이 다 좋아하는 편이었지."

고모가 친구들 사이에서 인기가 있었다는 말에 괜히 기분이 좋았다. 책임감 강하고 포용력 있는 교실 안의 고모 모습이 그려지기도 했다.

"지영이가 이름 바꾸기 전에, 이름을 바꾸려고 어디 가서 점을 보는데 점 보는 사람 말이 하숙이라는 이름은 남자 때문에 곤욕을 치를 수 있으니까 이름을 바꿔야 한다고 하더래. 나보고도 그 점쟁이가 건강이 안 좋으니까 이름을 바꿔야 한다고 했어. 그래서 둘 다 이름을 바꿨는데, 어머니들이 그 점쟁이한테 똑같은 이름을 받아 오셨던 거야. 그래서 한참을 웃었던 게 기억나네. 나중에 하숙이는 지영이로 이름을 다시 바꿨더라고."

이야기를 들으며 나도 덩달아 웃음이 났다. 똑같은 이름을 받아 온 걸 알고 난 뒤 고모와 고모 친구는 같이 얼마나 웃었을까.

"고모가 아버지나 어머니 말씀을 잘 듣는 편이었나요?"

"잘 듣는데 아버지를 좀 무서워했지. 어머니는 참 좋으신데 아버지가 무서우니까 거역을 잘 못 했던 것 같아."

내가 아는 모습보다 더 젊고 힘도 셌을 사십 대의 할아버지와 십 대의 고모를 떠올렸다.

"지영이가 글짓기 같은 걸 잘했어. 백일장 대회도 나가고 그랬던 게 기억이 나. 그림 그리는 것도 좋아했고. 지영이 그림에는 이렇게 잡으면 스러질 것 같은 그런 색상들이 많았어. 그걸 보면서 왜 물감을 저 정도밖에 안 썼냐고 물으니까 그런 것들이 더 좋다고 그랬어."

또 다른 고모 친구의 이야기 속에는 글을 쓰고 그림을 그리는 양지영의 모습이 있었다. 친구들의 기억과 함께 고모는 나에게 더욱 생생한 존재로 다가왔다. 나는 아빠에게 그랬듯이 고모 친구들에게도 고모의 사진들을 건넸다. 사진과 함께 다양한 반응들이 터져 나왔다. 반가움과 놀라움, 그리움과 슬픔. 여러 감정을 바라보며 나는 내가 모르는 고모가, 한 번도 살아 본 적 없는 과거가 조금은 가까워진 기분이었다. 그것만으로도 벅찼다.

무엇보다 이 여정 속에서 내가 고모의 조카라는 사실을 스스로 조금씩 편안히 받아들이고 있었다. 고모 친구들과 대화하고 그들의 이야기를 듣는 일은 고모를 상상하게 하고, 나아가 고모와 관계 맺게 하는 일이었다.

2. 고모의 마지막 사진

 고모의 사진이 가지런히 정리된 사진첩은 시간순으로 고모의 일대기를 보여 주고 있었다. 가장 어린 모습부터 점점 나이 들어가는 모습까지. 그 사진들을 천천히 넘기며 조금씩 달라지는 고모의 얼굴을 유심히 살폈다. 얼굴 너머의 분위기도, 표정도 조금씩 달라졌지만, 변하지 않은 것도 있었다. 어딘가 강단 있어 보이는 고모의 눈빛만큼은 계속 단단한 빛을 내고 있었다. 그 눈빛을 마주치며 한 장 한 장 사진첩을 넘겼다. 어느새 사진첩의 마지막 장에 도착했다.

 마지막 장에는 고모의 몇 없는 대학 시절 사진들이 있었다. 사진 속 고모는 어깨까지 내려오는 긴 파마머리에 교복 대신 단정한 정장을 입은 모습이었다. 대학생이 된 고모는 친구들과 함께 팔짱을 낀 채 소나무 앞에서 사진을 찍었다. 대학 시절의 사진 중 고모가 유일하게 친구들과 함께 찍은 사진이었다. 다른 두 장의 흑백사진은 모두 고모 혼자 찍힌 사진이었다. 산 아래 갈대밭에서 소나무와 산을 배경 삼아 홀로 서 있는 모습과 학사모와 가운을 입고서 찍은 모습이었다. 친구들과 함께 찍은 사진이 많던 중고등학교 시절에 비해 대학 시절의 사진은 주로 고모 혼자 있는 모습이었다. 그 사진 속 고모는 어딘가 외로워 보였다.

흑백사진 옆에는 고모의 유일한 컬러 사진 네 장도 있었다. "1975년 3월." 컬러 사진 하단에 촬영 날짜가 적혀 있었다. 어쩌면 이 컬러 사진들이 고모의 마지막 사진이겠구나. 나는 사진을 찬찬히 들여다보기 시작했다. 마지막 사진일 줄 모르고 찍힌 얼굴들. 그 얼굴과 공간을 들여다보면서 사진으로 남은 고모의 마지막과 함께하고 싶었다.

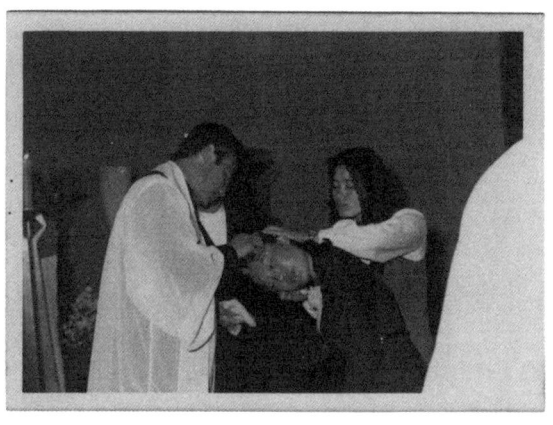

사진 하나. 초록색 원피스를 입고, 허리에는 가느다란 검은색 허리띠를 찬 고모다. 그녀는 몸을 90도로 숙이고 얼굴을 왼쪽

으로 돌리고 있다. 그녀의 머리는 귀 뒤로 가지런히 넘겨져 있고 다른 여성이 그녀의 얼굴을 두 손으로 잡고 있다. 그 여성은 검은색 미사보를 머리에 두르고 분홍빛 조끼를 입고 있다. 몸을 숙인 고모의 왼쪽에는 하얀색 수단을 입은 신부님이 보인다. 신부님은 한 손에는 부드러워 보이는 수건을, 다른 한 손에는 자그마한 병을 들고 있다. 아마도 병 안에서는 성수(聖水)가 들어 있을 것이다. 사진 속에서 신부님은 성수를 고모의 이마로 살짝 흘려보내고 있다. 고모의 표정이 엄숙해 보인다. 이날은 고모의 세례 날이었다.

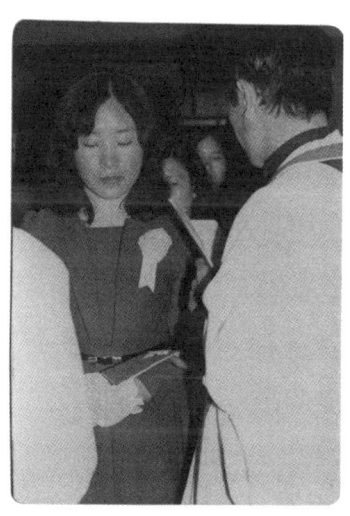

사진 둘. 눈을 아래로 내린 채 신부님 앞에서 뭔가를 듣고 있는 고모의 모습이다. 사진에는 담기지 못했을 신부님의 목소리

를 상상하며 나 역시 어쩐지 신성해진다. 그녀의 왼쪽 가슴에는 커다란 꽃 모양의 브로치가 달려 있고, 손에는 하얀색 천 장갑이 끼워져 있다. 고모의 바로 앞에 있는 사람도 뒤를 돌아 고모를 마주 보고 있다. 고모 뒤로는 자신들의 차례를 기다리고 있는 다른 여성 두 명이 보인다.

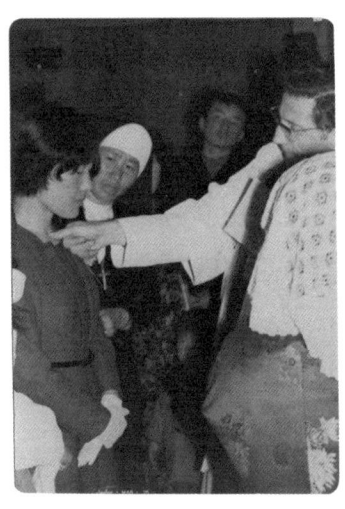

사진 셋. 이번에는 두꺼운 안경을 쓴 외국인 신부님이 보인다. 그는 오른손 엄지손가락으로 고모의 목 아래쪽을 지그시 누르고 있다. 아마도 어떤 맹세를 주고받는 상황으로 보인다. 고모는 양손을 가지런히 모으고 두 눈을 감고 있다. 고모 주변의 모든 사람이 기도하는 고모를 지켜보고 있다. 그녀의 바로 왼편으로 그녀의 어깨를 감싸며 이 상황을 바라보고 있는 수녀님이 보인다. 수녀님 뒤편에는 얼굴이 거의 가려져 머리 일부와 원피스만 보이는 한 여성이 있다. 그리고 그녀 앞에는 너댓 살 남짓의 어린이도 있다. 아이는 호기심 가득한 눈빛으로 고모를 올려다보고 있다. 아이의 뒤로는 위에서 아래로 내려다보며 고모를 쳐다보는 남성이 보인다.

 사진 넷. 플래시가 터진 사진이다. 해가 지고 난 뒤 밖에서 찍은 사진이다. 아마도 모든 의식이 끝나고 성당 밖으로 나와 신부님, 대모님과 함께 기념사진을 찍은 것으로 보였다. 고모 뒤편으로 나무와 성모 마리아상이 있다. 성모 마리아상 주변으로는 하늘색 울타리가 쳐 있다. 울타리 앞에서 카메라를 향해 자세를 취하고 있는 세 사람의 모습이 보인다. 고모는 배꼽 아래로 정중하게 두 손을 모으고 구두를 신은 두 발을 가지런히 모으고 가운데에 서 있다. 고모 양옆에 서 있는 외국인 신부님과 분홍빛 조끼와 바지를 입고 있는 대모님은 살며시 미소를 띠고 있다. 고모의 표정만 어딘가 굳어 보인다. 세례를 받은 뒤 고모의 마음은 어땠을까? 홀가분했을까, 아니면 착잡했을까?

1975년의 고모의 행적을 더 좇고 싶었다. 그러다 보면 사진으로는 다 알 수 없는 고모의 마음에 다가갈 수 있지 않을까. 사진 속 신부님과 수녀님, 대모로 추정되는 여성까지도 직접 만날 수 있다면 새로운 단서를 얻게 될지도 모를 일이다. 누구라도 만나 뭔가를 들을 수도 있다는 생각에 나는 기대와 떨림을 갖고서 사진 속 성당을 찾기 시작했다.

사진 속 성당은 고모가 어린 시절 살던 계림동의 성당이었다. 사진에 찍힌 모습과 지금의 모습이 너무도 달라져서 처음에는 아닐지도 모른다고 생각했지만, 결정적으로 성당에서 보관하고 있던 세례 명부에서 고모 이름을 발견했다. 다행이었다. 사무국에서는 예전에 수기로 작성했던 세례 대장들을 모두 수장고에 보관하고 있었다. 그 안에서 1975년이라고 적힌 세례 대장을 발견했다. 떨리는 마음으로 한 장 한 장 세례 대장을 넘겼다. 그러다 마침내 반가운 이름, '양지영'을 발견했다.

세례 번호: 501

세례 일자: 1975년 3월 29일

본당: 계림동

주례자: 나요한 신부

성명/세례명: 양지영/사라

대부모, 증인: 신요안나

사라. 고모의 이름 옆에 적힌 이름이었다. 1975년 3월 29일, 고모는 세례를 받으며 사라라는 새로운 이름을 함께 부여받았다. 하숙에서 지영으로, 또다시 지영에서 사라가 되는 여정을 따라가며 놀라웠다. 고모가 누구보다도 자신의 삶을 사랑했던 사람으로 느껴졌다. 사라가 된 고모는 그 뒤로 어떤 시간을 살았을까? 왜 1975년 3월 이후의 기록은 사진으로 남아 있지 않을까?

고모의 세례 대장에 함께 쓰인 다른 이들의 이름도 눈에 들어왔다. 주례자인 나요한 신부와 대모인 신요안나라는 이름이었다. 이미 사진으로 먼저 만나 본, 실제로 뵙고 싶던 이들이었다. 두 사람을 만나기 위해 근황과 연락처를 수소문했다. 만나게 된다면 고모의 1975년 당시 상황을 조금 더 알 수 있지 않을까 하는 마음이었다. 하지만 내가 알아낸 건 두 분이 모두 고인이 되었다는 사실이었다. 고모의 마지막은 이제 이 사진으로만 남게 되는 걸까? 갈 곳을 잃은 질문들만 갈증처럼 찾아왔다.

  1975년 3월, 고모는 왜 성당에 있었을까? 어떤 마음으로 봄을 맞이하고 있었을까? 세례를 받은 이후에는 변화가 찾아오긴 했을까? 나는 문득 현실의 삶이 너무 버거운 상황에서 세례를 받기 위해 몇 달간이나 성경 공부를 하던 주변 친구들의 얼굴이 떠올랐다. 그 과정에서 위안을 받았다는 친구의 말을 떠올리며, 당시의 고모도 현실에서 감당하기 힘든 무언가로 인해 위안을 바랐던 것이 아니었을까 조심스레 추측했다. 그해 고모의 상황을 정확히 알아낼 수는 없었지만, 사진 속 고모는 어딘가 고민이 가득해 보였다. 쉽게 풀어낼 수 없는 고민을 성당 안에서 꺼내 본 것은 아니었을까?

3. 공과대학 여학생

 1972년, 고모는 대학생이 되었다. 전남여자고등학교를 졸업한 고모는 조선대학교 공과대학 화학공학과에 입학했다. 스무 살이 되었을 고모를 그려 본다. 원하던 서울행은 아니었지만, 광주에 남아 새롭게 경험하게 되었을 대학 생활이 설레고 떨리지 않았을까?

 공대 생활은 고모가 그때까지 경험했던 여고 생활과는 많이 달랐을 것이다. 여자 동기가 다섯 명뿐인 학과에서 생전 처음 많은 남학생들과 함께 수업을 듣고, 시험을 보며 학교에 다녀야 했다. 여성의 대학 진학률 자체가 높지도 않았던 1970년대에 더군다나 공과대학을 선택한 고모에게는 처음 겪는 일이 얼마나 많았을까. 지금까지도 공대의 성비는 남성이 압도적으로 많다. 두 번째 대학으로 예술학교를 선택했던 나는 성비 자체는 여성이 더 많은 조건 속에서 학교에 다녔다. 하지만 여성이 훨씬 많았음에도 불구하고 학과나 학생회 임원으로 나서는 이는 대부분 남성인 경우가 많았다. 학과 구성원 모두가 사용하던 공간에 누군가의 오래된 군복이 아무렇지 않게 굴러다닐 때도 있었다. 나는 왠지 고모가 다녔을 그때의 공과대학 분위기가 상상되면서도, 고모가 그 안에서 어떻게 적응해 나갔을지 생각해 볼 엄두가 나지 않기도 했다.

고모의 고등학교 친구들을 만났던 것처럼 대학교 친구들 역시 만나 보고 싶었다. 대학교 동창회를 통해 동문 연락처를 문의했더니 개인정보보호법상 연락처를 알려 줄 수는 없다는 답변을 받았다. 그 대신 그분들에게 일일이 전화를 해서 양지영이란 사람의 조카와 통화 의사가 있는지를 묻고, 거기에 동의하는 사람에 한정해서 다시 나에게 그분들의 연락처를 알려 줄 수는 있다고 말했다. 나는 기꺼이 기다리겠다고 답했다. 지푸라기라도 잡고 싶은 심정이었다. 고모와 같은 해 입학한 동기들이 졸업했을 연도를 어림잡았다. 1975년, 1976년, 1977년까지. 그 연도에 졸업한 이들에게 연락해 달라고 동창회에 부탁한 뒤 초조한 마음으로 전화를 기다렸다. 기다림은 그리 길지 않았다. 얼마 뒤 양지영의 소식이 궁금했던 몇몇 친구들이 동창회를 통해 자신들의 번호를 나에게 알려 줬다.

"안녕하세요. 저는 72학번 조선대학교 화학공학과에 입학했던 양지영 조카 되는 양주연이라고 하는데요, 고모가 살았던 시절에 대한 영화 작업을 하고 있어서 연락드렸어요."

"어떤 게 궁금한데요? 뭐가 궁금해서? (지영이는) 별로 원해서 온 게 아니었기 때문에 뭐 그렇게 학교생활이 재밌거나 그러진 않았을 거예요. 고모가 전남여고 졸업하고 와서 사람들이랑 잘 어울리지도 못했고, 그랬어요."

다소 퉁명스럽고 차가운 목소리가 전화기 너머로 들려왔다.

"더 이상 해 줄 말이 없어요. 학과 안에서 이야기를 많이 한 친구가 없던 것 같은데. 항상 혼자 다녔지. 그랬던 것 같아."

전화를 끊으며 헛헛한 기분이 들었다. 고모의 대학 시절은 어쩌면 내가 생각했던 것보다 더 외롭고 쓸쓸했을지도 모르겠다. 어떻게든 고모의 대학 시절 친구들을 최대한 많이 찾고 싶다는 마음이 들었다.

"양지영이는 원래 내성적이어서 주변 사람들하고 활발하게 잘 이야기하지는 않았거든요? 그래서 개인적으로 걔랑 무슨 이야기를 나눈 기억은 없어요. 그냥 지영이가 배시시 웃던 얼굴, 그다음에 얌전하게 학교 다니던 모습만 기억이 나지 이것 외에 다른 이야기를 해 줄 것이 없어요. 양지영이는 항상 혼자 오고 학교에서도 혼자 말 없이 앉아 있고 끝나면 혼자 가 버리고 그랬기 때문에 지영이에 대해서 잘 모르고 해 줄 이야기가 없네."

무덤덤한 목소리를 듣는데 괜히 서운했다. 목소리의 온도가 관계의 온도처럼 느껴졌다. 고모의 고등학교 시절과 대학교 시절의 친구 관계는 분명한 차이가 있어 보였다.

"무슨 일 때문에 그러시죠? 지영이랑은 같은 학과를 다니긴 했는데, 별로 많이 이야기를 나눠 보지는 못했어요. 그래도 필요하다면 만나서 이야기를 나눌까요?"

고모와 친하지는 않았지만 공대 생활에 관해서는 이야기해 줄 수 있다는 M과 어렵게 약속을 잡았다. 그녀를 만나 나는 고모의 몇 없는 대학 시절 사진을 함께 보았다. M은 사진을 보여 주며 대학 시절에 관한 이야기를 들려주었다. 그리고 내가 건넨 한 장의 사진에서 고모 옆에 함께 서 있던 자신의 모습도 찾아냈다. 고모를 포함한 네 명의 여학생들이 소나무를 배경으로 서로 팔짱을 끼고 서 있는 사진이었다.

"1학년 때였나. 그때 다 같이 비료 공장으로 학과 답사를 갔어요. 전라남도 어디였는데, 거기에서 기념으로 찍었던 사진이에요. 이게 나고, 옆에 지영이도 보이고. 원래 여자 동기가 다섯 명이었는데 네 명만 찍었네."

M의 설명을 듣고 나는 그제야 그 사진의 배경을 알게 되었다. 대학생이 되어 단정한 정장을 입고서 한쪽 손에는 손목시계를 차고 카메라를 응시하는 고모의 모습이 멋지다는 생각이 들었다. M은 고모가 입학했던 1972년 당시 조선대학교 공과대학 화학공학과에는 다섯 명의 여학생이 입학했고, 졸업한 여학생

은 자신을 포함해서 두 명뿐이라는 설명도 해 주었다.

고등학교 때에는 그렇게 친구들과 활발히 교류하고 원만하게 지냈던 고모가 대학생이 되고 나서는 무언가 많이 달라졌던 것이 틀림없었다. 1972년 당시의 공과대학이 더 알고 싶어진 나는 국립중앙도서관에서 '조선대학교 공과대학'이라는 키워드로 검색을 했다. 거기서 〈공대인 속의 여학생〉이라는 기사를 발견했다. 1982년 조선대학교 공과대학에서 발간한 조대학보 제7호에 실린 기사에 당시 공대를 다니고 있던 여학생들의 목소리가 실려 있었다. 고모가 학교를 다닌 시절보다 10년 뒤이긴 했지만, 궁금한 마음에 그 글을 유심히 살폈다. 글 안에는 고모의 10년 후배인 여학생들의 이야기가 있었다.

> 기자: 현재 저희 공과대학에는 약 40여 명의 여학생이 있는데 5천여 명이나 되는 남학생 속에서의 생활에 애로사항이 많을 것 같습니다만, 거기에 대해서 한말씀 해주시죠?
>
> 학생1: 네, 여러모로 애로사항이 많은데요, 우선 타 대학 친구들은 많은 남학생 속에서 생활하니까 재미있는 일이 많겠다고 하지만, 생활하다 보면 나의 행동 하나가 학습 분위기에 관련이 될 때가 있어서 까다로운 면이 약간 있어요.
>
> 학장: 여학생들은 자기 나름대로의 주관을 세우고 억센 남학생들 틈에서 공부하려면 모든 면에서 강해야 하고, 본인들 스스로 대단한 자부심 없이는 자기의 위치를 지키기가 어려운 일인데 그런 점에서 보면 우리 여학생들이 대견하기만 합니다.
>
> 학생2: 모든 수업, 서클 활동, 취미생활에서 남학생보다 뒤떨어지지 않는다고 자부하면서 할 수 있다는 의지만 가지면, 어떠한 활동도 보다 유익하고 알차게 할 수 있는 것을 배우고 알았어요.

그녀들이 공과대학 안에서 적응하기 위해 얼마나 노력하고 있는지 느껴지는 글이었다. 5천여 명의 남학생과 함께 공부하는 40여 명의 여학생으로서, 그녀들은 각자의 자존심과 자신감으로 최선을 다해 학교생활을 하고 있는 것 같았다.

> 학장: 신체적인 약점을 가지고 공학계, 기술계를 지망한 여러분들의 그 포부와 기상을, 가르치는 사람 중 한 사람으로서 높게 삽니다. 남학생과의 차이점을 여러분들이 지혜로서 이겨 나간다면 학교생활은 물론이고 대학 졸업 후 사회 진출 시에도 좋은 결과가 올 것입니다.

"신체적인 약점"이라는 표현이 학장의 입을 통해 나오는 게 이상할 것이 없던 시절. 그보다 10년 전 고모의 학교생활은 어땠을지 떠올리다 아득해졌다. 남성이 아니라는 사실을 대놓고 약점이라고 일컫는 사회는 어떤 사회였을까? 공과대학에서 마주했을 장면을 떠올리며 마음 한구석이 너무도 답답했다. 육각별 모양의 교표를 왼쪽 가슴 하단에 달고서 커다란 포부를 품었을 고모가 마주했을 현실이 안타깝기만 했다.

"나는 여행을 좋아했는데 지영이는 여행보다 혼자 시 쓰는 걸 참 좋아하더라고. 나는 국문과였는데 문학에 별로 관심이 없고, 지영이는 공대였는데도 문학에 관심이 많았어요. 본인이 쓴 시 습작 노트를 나한테 들고 와서 보여 주고 그랬어요."

한편으로 나는 고모의 대학 시절 친구에게 들었던 고모의 다른 모습에 관심이 가기도 했다. 고모가 대학에 다니며 문학 동아리 활동을 했다는 이야기였다. 고모가 시를 좋아했다는 이야기를 들으며, 공대 안에서 자신만의 세계를 만들어 가고 있었을 모습을 떠올리며 괜히 반가웠다.

이후 어렵사리 수소문한 끝에 고모와 문학 동아리 활동을 함께 한 친구 J를 광주에서 만나게 되었다. 대학 시절 문인으로 이름을 날리다 이제는 지역에서 이름 있는 서예가로 활동 중인 남성이었다. 그가 운영하는 서예 교실 한편에는 그간 모은 장서들과 그의 작품들이 꼼꼼하게 정리되어 있었다.

"조선대학교 NOP라는 문학 서클 동아리 동기로 지영 씨를 처음 만나게 된 거야. 그때는 남녀 간에 많이 교류도 못 하고 서로 이름도 함부로 못 불렀는데, 그래도 지영 씨 모습은 기억에 남았지. 거기에서 같이 시화전도 준비했어요. 여기 어디 그 기록도 있을 것 같은데……."

고모의 친구가 서재에서 꺼내 온 낡은 노트에서 대학 시절 기록이 펼쳐졌다. 노트 안에는 흑백 초상 사진, 대학 신문에 기고한 글, 지역 백일장 대회에서 입선한 시, 전시회 인쇄물 들이 정성스레 스크랩되어 있었다. 그 사이에서 <1973년 조선대학교 NOP 시화전>이라는 제목의 팸플릿이 보였다.

'양지영 ─ 〈상념 이전〉' 고모의 이름을 발견한 순간 속으로 소리를 질렀다. 마침내 고모의 시를 볼 수 있게 되다니. 그토록 찾고 싶었던 고모의 한 조각이었다. 하지만 자료에는 고모의 이름과 시 제목만 남아 있었다. 시의 내용은 도저히 찾을 수가 없었다. 고모의 이름이 적힌 시화전의 표지만 붙잡고서 나는 '상념'이라는 단어를 검색했다.

'상념(想念): 마음속에 품고 있는 여러 가지 생각.' 고모의 시 제목을 보고 상념에 휩싸인 건 도리어 나였다. 혹시라도 시 내용이 기억나는지 고모 친구에게 물었지만, 기억은 이미 사라진

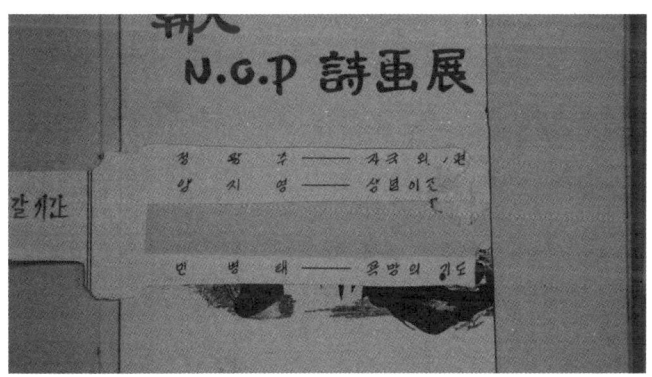

고모의 대학교 동아리 시화전 표지에서 우연히 발견한 고모의 이름과 시 제목.

뒤였다. 1973년의 고모는 무슨 생각을 하고 있었을까. 너무나도 찾고 싶었지만 결국에는 찾을 수 없었던 고모의 시를 뒤로하며 발길을 돌려야만 했다.

4. 공개 연애

"기억이 아주 생생하죠. 양지영 씨에 대해서는. 그때 동아리 입회를 하게 되면 모여서 신입 회원 환영회를 했거든요. 돌아가면서 자기소개를 쭉 하는데 여학생들도 꽤 많았어요. 거기서 양지영 씨가 자기소개를 하며 '제가 문학 서클에 들어온 이유는 좋은 남자를 만나기 위해서 입니다'라고 말하는 거예요. 그런 얘기를 자신감 있게 하더라고. 대학교 1학년이잖아요. 연애 이야기 꺼내기 수줍고 어렵잖아요. 그렇게 말했다는 건 굉장히 놀라운 자기표현이죠. 그 말이 굉장히 인상 깊어서 아직도 기억이 나요."

그 시절, 고모는 사랑을 찾고 있었던 걸까? 대학 내 공개 연애가 드물었던 1972년, 고모의 그 한마디는 그 자리에 있던 남학우 J에게 충격이자 매력으로 다가왔던 것 같다. 그날을 떠올리는 J의 표정에 반가움과 그리움이 번졌다. 앞서 만난 고모의 대학 시절 친구들의 회상과는 달리 자신감 있고 당찬 고모의 모습에 나 또한 새롭게 고모를 알게 된 느낌이었다.

"어렸을 때 기억인데, 우리 앞집에 다섯 남매가 사는 집이 있었어. 근데 무슨 일로 골목에서 싸움이 벌어졌어. 지영이 한 명하고 그 집 다섯 명이 상대하게 된 거야. 옛날에 싸우면 그러거든. 동생이 싸우면 위에서 언니, 오빠들이 다 나와 가지고. 근데 지영이 혼자서 끝까지 이기더라고. 그거 보고 '아, 지영이 대단하구나' 하고 느꼈어."

고모의 유년 시절 친구 Y가 해 준 이야기가 떠올랐다. 포기를 모르던 고모는 문학 동아리 활동을 통해서라도 대학 생활에 적응하고 싶었을까? 연애를 통해 새로운 방향을 찾아보고 싶었던 건 아닐까? 고모가 사랑하는 사람을 만나고 싶어 했다는 것만은 분명해 보였다.

"특이 사항이 있다면, 대학 시절 지영이는 같은 공과대학 다니는 학생하고 사귀었어요. 제대한 사람이었는데, 그 사람에 대해서는 그 정도밖에 몰라요."

고모의 대학 시절 친구들은 모두 고모가 1학년 때부터 복학생과 연애를 시작했다고 말해 주었다. 그중 한 명은 '특이 사항'이라는 표현으로 고모의 연애 사실을 언급했는데, 그건 고모가 대학 재학 중일 당시만 해도 공개 연애 자체가 얼마나 흔하지 않았는지를 보여 주는 단어였다. 그런 시절이었음에도, 고모는 연애 사실을 숨기지 않았던 것이다. 신입생 환영회에서 당찬 목소리로 좋은 남자를 만나고 싶다고 말했다는 모습과도 어쩐지 이어지는 이야기였다.

"연애 시작할 때 지영이가 나중에 그러더라고. 온 식구가 함께 TV를 보고 있었는데, 자기도 똑같이 TV를 봤는데 나중에 그 내용을 하나도 몰랐다는 거야. 그 남자친구 생각하느라. 그렇게나 푹 빠져 있었다는 거야. 사랑의 열병을 앓았던 거지, 대학교 1학년 때부터. 나는 지영이를 보면서 연애를 하게 되면 저렇게 되는구나, 생각했어."

"지영이가 건네 줘서 읽었던 책이 아마 《폭풍의 언덕》인가? 그 책을 지영이에게 받아서 읽었던 기억이 나."

"재밌게 읽었다고 추천해 줬던 거예요?"

"응, 추천해 준 책이 몇 권 있었는데 다른 건 모르겠고 그 《폭풍의 언덕》은 생각이 나. 지금도 가끔 바람이 쌔 하고 불면 그 책 내용이 생각나면서 지영이가 떠오르지. '지영이가 이 책 갖다 주면서 읽으라 했는데……' 하면서. 에밀리 브론테가 쓴 소설책인데, 자기주장이 강한 여자 주인공이 나오는 사랑 이야기였어. 캐릭터가 순종적이라기보다는…… 어찌 보면 주인공 성격이 지영이와 닮았는지도 모르지."

이 이야기를 듣고 나서 나도 《폭풍의 언덕》을 찾아 읽었다. 주인공이 고모와 닮았다는 말에 읽지 않을 수 없었다. 주인공

캐서린은 사랑하면서도 동시에 증오하고, 자유롭지만 이기적인, 입체적인 캐릭터였다. 고모는 누군가에게는 조용한 성격과 배시시 웃는 얼굴로, 또 누군가에게는 당차고 거침없는 성격의 여학우로 기억되고 있었다. 단일하지 않은 고모의 여러 모습을 마주하면서 혼란스럽기보다는 이해가 되었다.

할아버지의 말을 거역할 수 없어 서울로 떠나지 못한 고모는 어쩌면 연애를 통해서 집을 떠나려고 했던 건 아닐까? 공개 연애라는 고모의 선택은 그 시대에 속박되지 않겠다는 선언처럼 느껴졌다.

5. 기록되지 못한 그날

 고모의 죽음에 대해 아빠와 고모 친구들에게 물었을 때, 정확한 기일을 기억하는 사람은 아무도 없었다. 어떤 경우에는 연도도 헷갈려 했다. 누군가는 대학교 3학년 때 고모가 사라졌다고 말하고, 또 누군가는 대학교 4학년 때 죽었다고 말했다. 어떤 이는 여름쯤 부고를 들었다고 기억하고, 또 어떤 이는 날이 선선해지던 가을쯤이었다고 기억하고 있었다. 저마다의 기억이 달랐다. 해마다 돌아오는 조상들의 제사는 음력 일자까지 철저히 기억하면서 온 가족이 모이는데, 고모의 죽음은 기일조차 모르는, 애도될 수 없는 죽음으로 머물러 있었다.

 "그때 당시 고모가 발견됐던 장소가 어디였는지 기억나?"

 "집이었지, 그 당시 우리 집."

 고모 이야기를 처음 꺼낸 날, 술에 취한 아빠가 스쳐 지나가듯 이야기했던 학교 실험실이라는 증언과는 또 다른 기억이었다. 술 때문인지, 상황 때문인지, 이번에 아빠는 또 다른 장소를 기억해 냈다. 어떤 기억이 사실인지 알 수는 없었지만,

아빠의 이야기를 집중해서 듣기로 했다.

"집에서 발견되어서 곧바로 전남대학교 병원 응급실로 택시를 타고 이동했어. 그때 정확히 기억이 안 나, 내가 데리고 갔는지……. 하여튼 집에서 그런 일이 있었는데 지나고 나니까 마치 꿈을 꾼 것처럼 병원 뜰에서 이모가 막 울고 그랬던 것만 생각이 나는 거야. 나도 넋이 나가 버린 거지. 뭐가 어떻게 된 건지를 모를 정도로. 남의 일이었다면 시간순으로 차분히 기억을 할 수도 있었겠지만 내가 당사자가 되니 그렇게 되더라고."

아빠는 고모의 사망 장소를 어린 시절 함께 살았던 한옥이라고 기억하고 있었다. 그렇게 말하는 아빠의 얼굴을 보니 그날의 충격이 다시 찾아오는 듯 보였다. 붉게 상기되었고 목소리의 크기가 커졌다. 누나의 죽음에 충격을 받은 고등학생 아빠의 모습이 겹쳐졌다. 아빠에게 들은 이야기를 기억하며 고모의 친구들을 만났다.

"고모가 어디에서 사망했는지 혹시 아시나요?"

하지만 같은 질문을 고모 친구들에게 하자, 전혀 다른 대답이 돌아왔다.

"그 남자 집이었어. 지영이 남자친구. 지영이가 왜 그 집에 갔는지는 모르겠어. 그날도 데이트 중이었는지, 우연히 간 건지. 분명한 건 그 남자 집에서 지영이가 죽어서 전남대학교 병원으로 실려 왔다는 거야. 병원에서 내가 분명히 들었어."

고모 친구 H는 아빠와는 다른 기억을 들려주었다. 당황스러웠다. 사망 일자도, 사망 장소도 다르게 기억되고 있었다.

"그 사실을 나한테 알려 준 사람이 바로 너희 아빠야. 당시 내가 교생 실습하고 있던 학교로 지영이 남동생이 전화를 걸었더라고. 무슨 일인가 하고 받았더니 누나가 죽었대. 깜짝 놀랐지. 무슨 일이냐고 했더니 누나가 죽어서 전남대학교 병원 영안실에 있다고 그러더라고. 그래서 어디서 죽었냐고 물어보니까, 그 남자 집에서 죽었다는 거야, 누나가."

고모 친구 Y의 기억을 듣고 확신할 수 있었다. 고모가 마지막으로 발견된 장소는 집이 아니라 남자친구의 집이었다는 것을 말이다.

"그날 지영이가 이미 죽은 채로 병원에 실려 왔는데, 신고를 너무 늦게 했다는 이야기도 있었어요. 너무 황망하니까. 그 남자친구가 조금만 더 빨리 지영이를 데려왔다면……."

고모 친구 S 역시 고모의 사망 장소를 남자친구 집으로 알고 있었다. 아빠는 기억하지 못했지만, 고모 친구들은 모두 그 당시 고모가 발견된 장소에 충격을 받았던 것 같았다. 어째서 아빠와 친구들의 기억이 다른 걸까?

사망 : [사망 일시] 1970년 3월 17일 15시

[사망 장소] 광주시 동구 계림동 XXX번지의 X

[신고일] 1983년 12월 7일

[신고인] 호주

고모의 이름이 적힌 호적등본 하단에서 발견한 내용이다. 사망. 출생과 개명에 관한 항목 다음에 이어지는 글자였다. 사망 일시는 1970년 3월 17일 15시, 사망 장소는 광주시 동구 계림동 XXX번지의 X. 이럴 수가. 사망 일시와 장소가 모두 잘못 표기되어 있었다. 1970년은 고모가 고등학교 2학년이던 해이고, 사망 장소로 표기된 주소는 고모와 아빠가 살던 집 주소였다.

10여 년이 지나 호주인 할아버지에 의해 사실과 다르게 신고된 정보들을 보며 강한 의혹이 들었다. 할아버지는 고모가 남자 친구 집에서 사망했다는 사실을 드러내고 싶지 않았던 것이 아니었을까.

"지영이는 그냥 조용히 잊히고 싶을 것 같은데. 명예스러운 일도, 떳떳한 일도 아니고. 그냥 내가 말 안 하는 게 지영이를 위해서도 좋은 일이 아닐까?"

고모 친구 Y는 몇 주 전부터 약속해 둔 인터뷰를 이틀 전에 거절하면서 이렇게 말했다. 힘이 빠지고 생각에 잠기게 하는 말이었다. 고모의 죽음에 관한 이야기를 지금에 와서 다시 한다는 게 고모에게 명예스러운 일도, 이로운 일도 아니라는 말, 그리고 고모 역시 좋아하지 않을 거라는 말. 그 말에 잠시 멍해져 있다가 Y에게 답했다.

"고모가 어떻게 생각할지는 우리가 모르는 거니까요."

Y의 말에 이렇게 답할 수 있게 된 것은 나에게 생긴 분명한 변화였다. 비록 고모에게 직접 묻지는 못했지만, 고모의 죽음이 어딘가 석연치 않은 죽음이었다는 것만은 분명해 보였기 때문이다. 사실과 다른 공식적인 사망 일시, 가족 안에서 이름조차 이야기되지 않는 존재로 남은 고모. 이 모든 게 고모가 원한 상황은 아닐 것이라는 생각이 들었다.

6. 드러나지 않은 죽음을 드러내는 일

고모의 친구들은 모두 비슷한 결의 기억을 전해 주고 있었다. 그 남자친구가 경찰에 신고를 안 하려고 했다더라, 병원에서 울고 있던 지영이 남자친구의 모습이 과장돼 보였다 등등. 한참 기억을 더듬다 보면 이야기는 결국 고모는 절대로 자살할 사람이 아니었다는 말로 흘러갔다.

"그럼, 고모의 죽음이 자살이 아니라 타살일 수도 있겠네요?"

타살이라는 단어가 내 입에서 나오자, 고모의 친구들이 잠시 멈칫했다. 나 역시도 그 단어를 내뱉고 긴장되는 마음을 애써 누르고 있었다.

"그건 나는 모르지."

곧이어 나는 사십여 년 전의 죽음에 대해 속 시원하게 진실을 말해 줄 수 있는 사람이 아무도 없다는 걸 깨달았다. 이미 잊힌 죽음은 소문과 의문으로만 남아 있었다. 아무도 기억하지 않는 죽음을 오직 나 혼자만 기억하려 고군분투하는 상황이 그리 유쾌하지 않았다. 고모 양지영이 보고 싶었다. 지금 그녀를 만날 수만 있다면 코앞에 내 얼굴을 대고서 그동안 궁금했던 것들을 모조리 물어볼 수 있을 텐데. 그날 왜 남자친구 집으로 갔는지, 남자친구와는 어떤 관계였는지, 고모는 일상에서 뭘 할 때 가장 즐겁고 행복했는지, 재미있게 봤던 영화가 있는지, 어떤 작가의 소설을 좋아하는지, 즐겨 듣는 노래가 있는지, 고모의 이야기를 영화로 만든다는 소식에 기분이 어떤지. 묻고 싶은 질문은 점점 더 늘어 가고 있었다.

 소문과 의문으로만 남은 고모의 마지막 순간에 관한 기록을 찾고 싶었다. 그 기록을 찾으면 마지막 순간의 고모를 만날 수 있을 것만 같았다. 지푸라기라도 잡는 심정으로 광주동부경찰서와 전남대학교 병원을 찾았다. 사건 조사가 이루어지지 못했더라도, 신고가 되었다면 기록으로 남아 있을 수도 있지 않을까? 나는 고모가 그날 응급실로 실려 왔다는 고모 친구들의 증언을 기억해 냈다. 경찰서와 병원에 연락한 뒤 방문 일정을 잡았다. 담당 직원들은 모두 떨떠름한 목소리로 일단 한번 와 보라는 말만 건넸다.

 광주동부경찰서 내부는 오래된 외관만큼이나 낡고 좁았다. 건물 바깥에서 내부 모습을 궁금해했던 적은 있지만, 실제로 경찰서에 들어와 보는 것은 처음이었다. 한 여자 경찰분이 나를 강력형사계 맞은편 방으로 안내해 주었다. 강력형사계 형사들을 열린 문틈 너머로 슬쩍 보면서 지금까지 수십 편은 봤을, 형사들이 등장하는 한국 드라마를 생각했다. 현실은 드라마와는 많이 달라 보였다. 방 안으로 들어와 경찰에게 내가 왜 이곳에 오게 되었는지, 1975년 변사 사건과 관련된 자료를 열람할 수 있는지를 물었다. 친절했던 여자 경찰은 내 이야기를 한참 듣더니 본인은 신입이라 잘 모르겠다는 말만 건넸다. 답답한 마음에 이런저런 말들을 이어 갔지만, 결국 옆자리에서 우리의 대화를 듣고 있던 상사의 개입으로 상황이 급하게 마무리되었다.

"여기 와서 저희에게 이러실 것이 아니라 정식으로 민원 신청을 하세요. 근데 민원 넣으셔도 1975년 자료는 여기 없어요. 공간이 좁아서 여기 보관해 둘 수가 없어요."

처음부터 알려 주면 좋지 않았을까. 허탈한 마음을 가득 안고 다음 행선지인 전남대학교 병원 응급실로 향했다. 왠지 여기도 예감이 좋지 않았다. 당시의 자료를 꼼꼼하게 보관하고 있을 것 같지가 않았다. 얼마 뒤 대화조차 나누기 힘들 정도로 바쁜 직원을 기다려 1975년의 응급실 자료를 요청했지만 헛수고였다.

얼마 뒤 나는 광주동부경찰서에서 이관된 자료를 열람하기 위해 국가기록원을 방문했다. 허탕을 치고 싶지 않은 마음에 먼저 인터넷으로 국가기록원 사이트를 통해 광주동부경찰서에서 생성한 1975년 변사 사건 기록이 보관되어 있다는 것도 미리 확인했다. 국가기록원에 방문하기 전 미리 안내받은 내용을 바탕으로 나는 고모와 나의 가족 관계를 증명할 수 있는 가족관계증명서도 준비해 갔다. 이외에도 고모와 나의 가족 관계를 증명할 수 있는 거의 유일한 공식 자료인 호적등본과 아빠의 가족관계증명서도 챙겼다. 자료 검색에서부터 방문 예약, 가족 관계 증명, 촬영 동의까지 모두 쉽지 않은 과정이었다. 우연과 의지가 겹치고 엮여서 여기까지 올 수 있었다.

마침내 내 눈앞에 1975년 변사 사건 기록물이 펼쳐졌다. 낡고 오래된 종이를 한 장 한 장 넘기며 어느새 나는 기록물의 맨 마지막 페이지까지 왔다. 어디에도 양지영이란 이름은 없었다. 허탈했지만, 동시에 할 만큼 다 했다는 개운함이 있었다. 가족의 비밀이 된 양지영은 사회에서도 자료로 남아 있지 못했다. 고모의 마지막 순간에 대한 기록은 찾을 수 없었다.

결국 지금 내가 의지할 수 있는 건 고모를 좋아하고 그리워하는 주변 사람들의 기억뿐이었다. 나는 그들의 말을 다시 구성하여 그동안 드러나지 못했던 고모의 삶을 드러내 보고 싶었다.

"그 남자 성격이 엄청 강했어. 강하고 집요했지. 한번 의심을 시작하면 지영이를 놓고 놔 주지를 않았던 거야. 지영이 행동 하나하나를 분석하고 왜 그랬냐고 꼬치꼬치 따지니까 그때마다 지영이가 아무 말도 못 했던 것 같아."

고모 친구 H는 고모와 함께 광주에서 대학 생활을 한 친구였다. H는 나에게 고모 남자친구의 성격이 매우 강했고 고모와 나이 차이도 열 살 가까이 나서 동년배의 느낌이 아니었다고 말했다. 고모를 자주 의심하고 자의적으로 행동을 분석해 시비를 걸었다는 H의 말을 들으며, 당시 고모의 연애가 평등한 관계를 기반으로 한 것은 아니었음을 직감했다.

"그 남자친구 이름이 기억나세요?"

"이도진. 근데 이건 실명이 아니고 그냥 활동명이었던 것 같아. 실명은 모르겠어. 실명을 알려고도 안 했고."

놀라웠던 건 고모 친구들에게 고모 남자친구의 이름을 물어봤지만, 그의 실제 이름을 아는 사람이 아무도 없었다는 것이었다.

"그 남자친구가 생활이 어려워서 데이트를 하더라도 다방 대신 포장마차 같은 데서 음식을 사 먹거나 주로 산이나 야외로 나가 걸었다고 하더라고. 그 남자가 자기는 혁명가가 될 거니까 고난과 고생에 익숙해져야 한다면서 지영이를 많이 훈련시켰대."

고모의 남자친구가 혁명가를 꿈꾸었다는 말을 들으며 그에게 혁명이란 무엇이었을까 생각했다. 그 혁명 안에 고모와 함께 살아가는 삶도 포함되어 있었을까? 실명은 누구도 기억하지 못하지만 활동명으로는 기억되고 있는 사람. 스스로 혁명가를 꿈

꾼다고 말할 정도로 자신감 있고 포부가 넘쳤을 것으로 추측되는 인물. 그 강한 성격에서 때로는 집착과 의심이 발현되기도 했던 모양이었다. 당시 둘의 관계를 지켜봤던 고모의 친구들은 오십여 년이 지난 다음에야 그때를 다시 바라보고 있었다.

"지영이가 사실 그 남자친구랑 몇 번이나 헤어지려고 했거든. 근데 그 남자친구가 계속 붙잡았나 봐. 헤어졌다가 다시 만나고, 또 헤어졌다가 다시 만나고. 지영이가 죽기 며칠 전에 만났을 때도 지영이가 분명히 나한테 이번에는 진짜로 헤어질 거라고 말했었거든. 그래서 내가 생각 잘했다 그랬지. 그날도 아마 헤어지려고 그 남자친구 집에 갔었던 걸 거야."

고모가 연애 관계를 끝내고 싶어 했다는 증언은 당시 고모와 만나 이야기를 나눈 친구들이 아니었다면 알 수 없었을 내용이었다. 고모의 친구들은 모두 비슷한 내용으로 당시 고모 상황을 증언하고 있었다. 대학교 1학년부터 4학년까지 이어 온 셈이었다. 오랜 관계를 끝내고 싶어 했던 고모는 친구들에게 자신의 고민을 털어놓기도 하고, 지나치듯 '헤어지고 싶었는데 또 못 헤어졌다'라는 말을 꺼내기도 했다. 평등하지 않았던 관계 양상은 이별 상황에서 더욱 두드러지고 있었다. 헤어지고 싶을 때 헤어질 수 없던 관계. 고모는 죽음을 선택해서라도 그 관계를 끝내고 싶었던 걸까?

7. 고모의 마지막을 누가 말하도록 할까?

 고모의 상황을 좀 더 알게 된 뒤, 나는 여성의 자살이나 교제살인에 관한 기사와 자료를 찾고, 여성 인권 단체 관계자들을 만나 교제살인 판결문을 살폈다. 고모와 닮은 죽음들은 지금도 여전히 일어나고 있었다. 헤어지고 싶을 때 헤어질 수 없던 관계들, 가족 안에서 비밀이 되어야만 했던 존재들. 그녀들의 죽음이 여성이라는 위치와 연결되어 있다는 걸 알 수 있었다.

 가장 먼저 본 자료는 2019년 8월 31일 자 《BBC》 기사[4]였다. 제인 몽크톤 스미스라는 영국의 한 범죄학 박사가 연인 살해 사건 패턴에 대해 분석한 글이었다. 기사에 따르면 제인 박사는 영국에서 벌어진 372건의 살인 사건을 연구하여 그 안에서 몇 가지 행동의 패턴을 분석했다. 그중 눈에 들어오는 패턴이 몇 개 있었다.

- 강압적인 통제: 두 사람의 관계를 강압적인 통제가 장악.
- 상황 발생: 연애가 끝나거나 가해자가 금전적으로 어려

워지는 등 가해자가 피해자를 통제하기 힘들어지는 상황 발생.
- 갈등 고조: 스토킹이나 자살 협박 등 통제하려는 수법이 다양해지고 그 빈도가 증가.

몇몇 기사들을 더 찾아보고 난 뒤, 나는 연인 살해 사건이 이별 상황에서 가장 높은 비율로 발생하고 있다는 것을 알게 되었다. 처음 알게 된 사실이었다. 누군가는 이별 상황을 상대가 자신의 통제에서 벗어난 상황으로 인식한다는 것이 충격이었다. 이별을 고하고도 헤어지지 못하는 상황을 반복하며 고모는 갈등의 고조를 경험했을 것이다.

- 생각 변화: 가해자가 복수나 살인 등을 실행에 옮기기로 결심.
- 계획: 가해자가 살인에 쓸 도구를 구입하거나 희생자가 혼자 있는 기회를 엿봄.
- 살인: 연인을 살인. 이 과정에서 희생자의 아이나 다른 이들도 피해를 입음.

제인 박사의 연구에 따르면 갈등이 고조된 상황은 이후 가해자의 생각 변화로 이어진다. 복수를 결심하게 된 가해자가 희생자가 혼자 있는 기회를 엿보고 살인을 계획하는 패턴이다. 고모의 죽음에서 비어 있는 부분은 바로 이 부분이었다. 계획된 살인이었는지, 자살이었는지, 아니면 정말 우발적으로 일어난 사고였는지 알 수 있는 방법이 없었다.

"지영이가 그 남자에게 찾아가서 헤어지자고 했는데 그 남자가 못 헤어지겠다고 하니까 지영이가 그럼 내가 이 약을 먹고 죽겠다고 했대. 약을 먹고 그렇게 됐다는 말만 들었어. 당시 그 남자에 대한 원망들이 많았지. 약을 먹겠다고 하면 못 먹게 말렸어야 했는데 어떻게 그냥 뒀냐고."

"그때 그 남자친구 말로는 진짜로 마실 줄 몰랐다고 그랬던 것 같아. 그 남자 집에서 몸싸움이 일기도 했는데 지영이가 마신다고 했을 때 그 남자가 홧김에 마시라고 그랬대."

"지영이가 그날 하루만 헤어지고 싶었겠어? 계속 생각해 오다가 헤어지고 다시 만나고, 또 헤어지고 이런 과정이 반복되다가…… 지영이도 지친 게 아니었을까."

제인 박사가 분석한 행동 패턴 그대로를 고모에게 적용할 수는 없겠지만, 적어도 당시 고모가 혼자 힘만으로는 벗어날 수 없는 상황에 놓여 있었던 건 분명해 보였다.

아빠에게 고모가 실려 오던 날의 병원 풍경에 대해 들은 적이 있다. 울고 있는 사람들 가운데서 고개를 푹 숙이고 있던 고모 남자친구가 있다. 고모를 아꼈던 이모할머니가 흐느껴 울다가 그에게로 다가간다. 찰싹. 모든 사람들이 다 쳐다볼 정도로 큰 소리가 난다. 이모할머니가 남자친구의 뺨을 때린 것이다. 울분에 찬 이모할머니는 그의 옷자락을 몇 차례 흔들고서 "네가 우리 지영이를 죽였지. 우리 지영이 살려 내라"라고 외친다. 고모의 친구들도 그날 그 외침을 들으면서 고모가 석연치 않은 죽음을 맞이했을 거라고 짐작했을까?

답답한 마음을 가득 안고, 나는 고모의 남자친구를 찾아보기로 했다. 유일한 목격자이자 용의자인 그를 만나면 고모에 관한 이야기를 뭐라도 더 들을 수 있을 것 같았다. 가장 먼저 시도한 건 그의 대학교 동문을 찾는 일이었다. 당시 조선대학교에서 학생운동을 했다는 사람을 수소문했다. 하지만 실제 이름조차 알 수 없는 이를 수소문하는 것은 쉽지 않은 일이었다.

그러다 문득 이런 생각이 들었다. 그런데 그 남자친구를 만나게 된다면 뭘 물어야 하지? 그날의 진실에 대해 알려 달라고? 경찰 조사조차 이루어지지 않았던 그날에 대해 몇십 년이 지난 지금, 이제 와서 내가 질문할 수 있는 이야기가 무엇일까? 갑자기 아득해지는 기분이었다. 현장도, 증거도, 고모도 모두 사라진 지금, 또다시 그 남자의 말에만 의지한 채 고모의 마지막을 마무리해야 하는 걸까? 그 이야기의 진실 여부를 증명해 줄 수 있는 고모가 없는 상황에서, 그 남자의 목소리에 무게가 실리는 것이 부당하다는 생각이 들었다. 무엇보다도 고모의 마지막을 그가 아니라 고모를 통해 말하고 싶었다.

이후 《오마이뉴스》의 이주연, 이정환 기자가 취재한 〈교제살인 판결문 108건 분석〉이라는 연속 기획기사를 보게 되었다. '교제살인'이라는 단어는 그때만 해도 너무도 생소한 단어였다.

> 법적으로 결혼하지 않은 상태로 서로 사귀다가 상대를 죽인 사건, 우리는 '데이트'라는 서정적 단어를 지우고 이 죽음을 '교제살인'이라 부르기로 했다.[5]

'데이트 폭력'이라고 불러 온 것을 '교제살인'이라는 단어로 새롭게 명명하는 기사를 읽으며, 세상에 없는 피해자의 언어를 어떻게 드러내야 할 것인지를 고민했다. 이 기사는 2016년부터 2018년까지의 판결문을 통해 확인한 108명(여성 살해 한정)의 교제살인 케이스를 분석한다. 피해자가 어떤 상황에서 죽음에 이르게 되었는지, 그 과정이 살아남은 가해자의 언어로 어떻게 설명되고 있는지가 적힌 판결문을 비판적으로 살펴보고 있다. 각각의 판결문은 피해자가 아니라 살아남은 가해자의 입장에서 사건을 서술하고 있었다. 나는 기사를 읽으며 고모의 남자친구를 찾는 일을 그만두었다. 내가 지금 하고 싶은 이야기가 무엇인지 분명해지고 있었기 때문이었다.

만일 형사적인 처벌이 필요했다면, 지금이 아니라 고모가 죽은 1975년에 곧바로 이루어졌어야만 했다. 경찰 조사, 처벌, 피해자 중심의 사건 재구성 등이 제때 진행되지 않았다. 내가 지금 마주하고 있는 조각들은 그때 제대로 진행되지 않았던 일들의 결과물인 셈이었다. '교제살인'이나 '페미사이드'[*]라는 언어가 존재하지 않았던 시절, 남자친구 집에서 죽은 채 발견되었던 이십 대 초반의 여성은 흔적도 없이 사라져야만 했던 존재로 남았을 뿐이다. 나는 그 시간을 지나 다시 고모 앞에 서 있다. 고모의 마지막을 고모가 말할 수 있도록 할 수 있다면.

SNS를 통해 교제살인 피해자 친구들의 게시글을 보고 마음이 요동한 것도 그쯤이었다. 친구가 남자친구의 집에서 억울한

---

[*] 책《페미사이드》에는 페미사이드를 인정하길 꺼리게 만드는 한 가지 요소로 피해자의 죽음이 언급된다. 여성이 살해당한 경우, 그녀의 이야기를 들려줄 생존자는 아무도 없기에 사건을 공유할 방법이 없는 모순적 상황이 발생하는 것이다. 따라서 페미사이드가 남긴 이러한 고통은 성폭력을 견디고 살아남은 여성들에 대한 지원 활동에서처럼 일치와 강화의 토대가 되지 못하고, 오히려 그 토대를 약화하고 사람들을 침묵시킬 수 있다. 여성 살해에 대해 목소리를 내려는 여성들은 사망한 여성과 가까웠던 사람들에게 자신의 말이 영향을 끼칠 수 있다는 사실에 주의를 기울여야 한다. 또한 비통한 일을 가지고 '정치적 자본'을 형성하려 한다는 비난을 받게 될 위험도 있다. 이러한 이유들 때문에 페미사이드는 페미니스트들이 다루기에 가장 끔찍하고 가장 민감한 차원의 남성 폭력이라고 할 수 있다.[6]

죽음을 맞이했으며, 얼마 뒤 그 남자친구에 대한 재판이 열릴 예정이니 방청으로 연대해 달라는 글이었다. 지금 내가 할 수 있는 일을 하고 싶다는 마음으로 법원행을 결심했다. 그날 도착한 법원은 꼭 장례식장 같았다. 검은 옷을 입은 피해자 측 가족과 친구들이 재판을 방청하기 위해 재판장 앞에서 주저앉아 대기하고 있었다. 그 무리에 껴서 어떤 표정을 지어야 할지 모르는 채로 있었다. 재판 방청은 처음이었다.

얼마 뒤 재판이 시작되었다. 나는 긴장한 마음으로 피해자 측 지인들의 자리에 앉았다. 재판소는 피해자 지인들의 울음과 흐느낌으로 가득했다. 판사는 계속해서 피해자 측 지인을 향해 주의를 주었다. 가해자가 입장했을 때는 장내가 더 술렁거렸다. 사방에서 슬픔과 분노가 터져 나왔다. 최후의 변론 시간에 가해자는 그날은 우발적 사고였으며 피해자를 해칠 의도는 없었다는 말을 되풀이했다. 답답하고 애통했다. 그 뒤로 이어진 몇 번의 재판 끝에 재판부는 해당 사건은 계획적인 교제살인이라 보기 어렵다며, 우발적 폭행 사건으로 결론 내렸다. 징역 7년의 살인죄가 아닌, 상해치사죄가 적용된 구형이 선고되었다.

재판 이후 법원 바깥에 나와서도 울부짖으며 억울함을 호소하던 피해자 가족들과 친구들의 모습이 기억난다. 나는 그 모습을 보며 고모의 사진을 보관하고 있던 할머니를 떠올렸다. 만약 그 당시 고모의 죽음이 교제살인 사건으로 접수되어 경찰 조사가 이루어지고 재판까지 진행되었다면, 가족들의 얼굴도 저들과 닮아 있었을까?

고모가 죽음을 맞이했던 때로부터 40년이나 지났지만, 피해자가 사망한 상황에서 교제살인을 인정받는다는 것은 여전히 너무나도 어렵다는 걸 알게 되었다. 평등하지 않았던 두 사람의 관계에 대한 친구들의 증언도, 죽음 당시의 폭행의 흔적도, 연애로 인해 힘들어했던 피해자의 생전 기록도 모두 드러나 있었음에도 그랬다. 막막하고 속상했다. 고모가 살았던 시대에 비해 많은 것이 달라졌다고 하지만, 친밀한 관계 안에서 일어난 사건만큼은 여전히 '당사자들의 개인적이고 사적인 문제'라는 인식 속에서 살아 있는 가해자의 말에 더 큰 무게가 실리고 있었다. 피해자의 관점에서 교제살인을 바라보는 일은 너무도 요원하게 느껴졌다.

그저 '사적인 죽음'으로 처리되어 드러나지 않았던 죽음들을 어떻게 다시 조명할 수 있을까? 어떻게 피해자의 관점에서 그 죽음을 바라볼 수 있을까? 끝내 고모의 죽음과 관련된 자료를 찾아낼 수 없었지만, 그 과정에서 경찰서, 병원, 국가기록원 등에 내가 지금 왜 고모의 죽음을 다시 보려고 하는지를 반복해 설명했다. 그날의 진실은 여전히 알 수 없지만, 적어도 고모의 죽음에 내재한 복잡함과 불평등함에 대해 계속해서 말할 수 있지 않을까?

나는 사망 일시와 장소가 제대로 기재되지 않은 호적등본을 떠올렸다. 고모의 마지막 공식 기록이었다. 그와 동시에 고모가 남자친구 집에서 발견되었다는 사실을 기록으로 남기지 않으려고 했던 할아버지를 생각했다. 할아버지와 가족들은 고모의 죽음과 관련한 내용이 알려지면 타인이 수군거리리라, 가족의 명예가 더럽혀지리라 생각했던 걸까? 기록되지 못한 그날은 기억되지 못하고, 기억되지 못한 죽음은 낙인으로 남았다. 고모의 존재를 지워 가며 할아버지가 그토록 지키고자 했던 것은 무엇이었을까? 화목하고 평범한 가족이라는 환상이었을까? 낙인으로 남은 고모의 죽음과 마주하며, 나는 화목하고 평범한 가족이라는 규범적 관념 속에서 가려졌을 또 다른 누군가의 이름과 존재를 떠올렸다. 그리고 생각했다. 내가 보낸 안전하고 화목한 시간들이 누군가를 지워서 얻은 것이라면, 더 이상 그런 화목함을 바라지는 않는다고.

4. 가족의 시간을 다시 쓰다

1. 애도할 수 있는 죽음

 내가 기억하는 최초의 장례식은 할아버지의 장례식이다. 고등학교 2학년 겨울, 할아버지는 호스피스 병동에서 고통을 완화하는 약물 치료를 받다 의식도 없이 죽음을 맞이했다. 매우 추운 겨울이었다는 것과 입관식 때 마지막으로 본 할아버지의 팔과 다리가 앙상하게 말라 있었다는 것이 기억난다. 위암 말기로 세상을 떠난 할아버지는 위암에 걸렸음을 알게 된 지 약 1년 만에 죽음을 맞이했다. 할아버지의 인생에서 가장 큰 변화를 맞이한 시간이었다. 성당에 열심히 다니던 할머니를 못마땅해하던 할아버지가 성당에 다니기 시작했던 것도 그 무렵이었다. 할아버지는 '요한'이라는 세례명을 얻고 매주 기도를 올렸다. 할머니는 그런 할아버지의 옆을 마지막 날까지 묵묵히 지켰다. 할아버지의 입관식 현장에서 할머니는 나지막이 혼잣말을 반복했다. "이상하게 무섭지가 않아야." 그 말을 들으며 할아버지의 관이 닫히는 모습을 지켜봤다.

 장례식장에서는 육개장이 아침, 점심, 저녁으로 나왔고, 나와 사촌 동생들은 음식을 나르며 손님들을 맞이했다. 할아버지가 그 자리에 없다는 것만 빼면 흡사 명절 풍경과도 비슷해 보였다. 침울해하는 사람보다는 슬픔을 이겨 보려 웃음을 선택하는 이들이 더 많았다. 죽음은 내가 생각했던 것보다 낯설지는 않았다. 하루는 할머니의 성당 교우들과 신부님이 방문했고 나도 그 사람들 틈에서 함께 성가를 불렀다. "주님은 나의 목자시니 나는 아무것도 아쉽지 않네."

  2박 3일 장례 일정의 마지막은 발인이었다. 약 한 시간 정도 망자에 대한 애도와 슬픔이 담긴 발인식이 진행되었다. 발인식이 끝난 뒤 아빠의 친구들이 앞장서서 할아버지의 육체가 누인 관을 천천히 운구했고, 운구차에 관을 싣고 난 뒤에는 함께 묵념했다. 우리는 운구차를 뒤따라 화장장으로 이동했다. 할아버지의 시신이 담긴 관은 뜨거운 화장로로 들어갔고, 단 몇 분 만에 할아버지의 육체는 한 줌 가루가 되었다. 할아버지의 마지막 조각이 담긴 유골함을 아빠는 정성스레 품에 안고 가족 묘지로 향했다. 할아버지의 묫자리가 마련되고, 유골함은 그곳에 안치되었다. 가족들은 이제 무덤을 새집으로 맞이한 할아버지를 향해 두 번의 절을 하며 마지막 마음을 표현했다. 그 모든 과정이 꽤 정성스러운 의식처럼 느껴졌다. 애도는 이런 의식을 통해 도달하는 세계라는 걸 그때 처음 경험했다.

광막한 광야에 달리는 인생아,

너의 가는 곳 어디냐.

쓸쓸한 세상, 험악한 고해에

너는 무엇을 찾으러 가느냐.

눈물로 된 이 세상이

나 죽으면 그만일까.

행복 찾는 인생들아,

너 찾는 것 허무.

〈사(死)의 찬미(讚美)〉 중, 윤심덕 노래

윤심덕의 목소리를 들은 건 2014년 여름이었다. 인터넷에서 우연히 본 노래 제목이 낯설어 듣게 된 목소리였다. 생소한 멜로디와 함께 너무나도 구슬픈 노래가 흘러나왔다. 처음에는 멜로디나 전체적인 느낌이 낯설어서 한국어가 아닌 줄 알았다. 한참을 계속 듣다 보니 점차 가사가 귀에 들어왔다. 이렇게 멜랑콜리하고 허무한 가사라니. 하지만 왜인지 자꾸 마음이 요동쳤다. 반복해서 듣다 보니 어느새 그녀의 목소리에 익숙해졌다. 그러다 궁금해졌다. 죽음을 찬미했던 그녀는 이 노래를 부른 이후 어떻게 되었을까? 인터넷에서 윤심덕의 흔적을 찾기 시작했다.

현해탄 격랑 중에 청년 남녀의 정사(情死). 남자는 김우진, 여자는 윤심덕. 지난 3일 밤 11시에 시모노세키를 떠나 부산으로 항해하던 관부연락선 덕수환이 4일 오전 4시경에 대마도 옆을 지날 즈음에 양장을 한 여자 한 명과 중년 신사 한 명이 서로 껴안고 갑판에서 돌연히 바다에 몸을 던져 자살을 하였는데 즉시 배를 멈추고 부근을 수색했으나 종적을 찾지 못했다. 선객 명부에는 남자는 김수산, 여자는 윤수선이라 하였으나 그것은 본명이 아니라 남자는 김우진이요 여자는 윤심덕으로 밝혀졌다.[7]

죽음을 찬미하는 노래를 부르던 여성이 한 남성과 "껴안고 갑판에서 돌연히 바다에 몸을 던져 자살을 하였"다니. 엄청난 스캔들이었다. 상대 남성은 극작가 김우진이었는데, 일본 유학을 마치고 고향 목포에서 가정을 이루고 살다가 1926년 6월 전업 작가가 되겠다며 다시 일본으로 떠나 있던 상황이었다. 그러다 1926년 8월 4일, 조선으로 돌아오는 배 위에서 윤심덕과 돌연 바닷속으로 사라졌다는 것이다.

내가 관심 있게 본 것은 두 사람을 기리는 방식의 차이였다. 사건 이후 레코드사는 윤심덕의 죽음을 홍보의 수단으로 삼았다. 윤심덕은 유부남인 김우진을 유혹하여 비극을 불러온 마녀로 그려졌다. 당시 신문들은 두 사람의 죽음을 '청년 남녀의 정사'로 일컬으며 희대의 염문설로 기사화했다. 당대에 드문 여성 가수로서 생전에도 출생과 과거, 연애에 관한 많은 루머에 시달렸던 그녀는 죽어서도 소문의 한가운데에 있었다.

반면, 안동 김씨 가문의 장남이었던 김우진의 경우는 달랐다. 전라남도 무안 몰뫼산 정상에 그를 기억하기 위한 가묘가 세워졌다. 그의 기일인 음력 8월 4일에는 '김우진 초혼예술제'라는 이름으로 문화예술 집담회, 창작 공연, 전시회, 문학 답사 등의 행사가 개최되고 있다. 예술제의 마지막 날에는 참석자들이 모두 몰뫼산 정상에 올라 김우진의 무덤 앞에서 엄숙히 제사를 지낸다. 비록 주인이 바다 깊은 곳으로 사라져 버린 텅 빈 무덤일지라도 말이다.

애도될 수 있는 죽음과 애도될 수 없는 죽음의 차이는 무엇일까? 죽음이 삶의 반대가 아니라 삶의 거울이라는 생각이 들 때가 있다. 죽음과 삶이 그만큼 서로 밀접하게 연결되어 있고 또 닮았다는 말일 것이다. 그런 의미에서 무덤들은 모두 누군가의 삶을 단적으로 드러내는 상징물이기도 하다. 잡초가 무성하게 자라나고 관리되지 않는 무덤과, 공원으로 조성되어 관리되는 무덤. 누군가가 계속해서 찾아오는 무덤과, 아무도 찾지 않는 무덤. 삶이 저마다 다르듯 죽음도 결코 똑같은 모양은 아니다.

무덤을 갖는다는 건 단지 몇 평의 땅을 갖게 되는 것이 아니다. 김우진의 무덤이 생기고 그를 기억하는 행사와 제사가 기획되었던 것처럼, 무덤은 고인을 애도할 수 있는 최소한의 기억 공간이다. 그렇다면 윤심덕의 무덤은 어디일까? 결혼하지 않은 젊은 여성에게, 더군다나 유부남과 함께 자살한 것으로 입에 오르내리는 그녀에게 허용되는 애도 공간은 없었다. 어쩌면 〈사의 찬미〉라는 노래가 유일한 그녀의 무덤일지도 모른다. 같은 제목으로 만들어지는 영화와 드라마, 뮤지컬은 사회가 그녀를 기억할 수 있는 일시적 공간일 것이다.

고모의 무덤은 어디일지 생각해 봤다. 정씨 성의 할머니는 양씨 성의 할아버지 옆에 묻히고, 김씨 성의 외할머니는 최씨 성의 외할아버지 옆에 묻혔다. 1975년 여름, 결혼하지 않고 세상을 떠난 고모는 양씨 가족 묘지에 묻히는 것이 허용되지 않았다. 아빠는 화장한 고모의 시신을 광주 근교 어느 강가에 뿌렸다고만 아주 희미하게 기억하고 있었다. 그 후 가족들이 고모의 남은 물건을 불에 태워 버렸다고도 말해 주었다. 왜 그랬냐는 질문에 아빠는 고모의 물건을 보고서 고모가 생각나면 슬프기 때문이었다고 답했지만, 자살한 이의 물건에는 불운이 깃들어 있다는 옛 속설 때문이기도 했다는 것을 모르지 않았다. 윤심덕은 노래로라도 기억될 수 있지만, 고모는 남긴 것이 없었다. 문득 〈양양〉이 고모를 애도할 수 있는 공간이 되면 좋겠다는 바람이 일었다.

2. 호명되는 불편한 시간들

　영화 제작 초기, 고모의 시집을 찾겠다고 부모님 집을 헤집고 다닌 적이 있다. 부모님은 모두 외출 중이었다. 할머니, 할아버지 때부터 사용했던 자개장롱 안쪽부터 서랍, 창고, 심지어 침대 아래까지 샅샅이 헤집었다. 할머니가 사용했던 화장품 샘플부터 어디선가 받아 온 전단지, 성당에서 나누어 준 달력까지 지난 시간이 담긴 다양한 물건이 있었다.

　그러다 TV 아래 있는 서랍장 아주 깊숙한 곳에서 무척 얇고 낡은 노트 하나를 발견했다. 처음 보는 노트였다. '용돈 기입장'이라고 적힌 노트 내지에는 누군가가 연필로 삐뚤빼뚤 적어 놓은 손 글씨가 있었다. 노트 곳곳에 한글을 연습한 흔적도 보였다. 할머니 글씨를 본 적이 있었나? 5년 전에 돌아가신 할머니의 글씨 같았다. 할아버지가 먼저 돌아가신 후 할머니는 약 9년간 홀로 이 집에서 생활하셨다. 그 시간 동안 할머니는 뭔가를 이 노트에 적어 두었다.

　고모의 시집일까 내심 기대하며 펼쳐 든 노트에서 할머니의 글씨를 본 순간 그리움이 강하게 일었다. 노트 중간중간 메모처럼 적힌 할머니의 일기를 보았다. 그날 구매한 것과 가격이 적힌 메모가 대다수였지만, 고심하며 천천히 적었을 할머니의 모습이 떠올라 눈가가 촉촉해졌다. 시간이 언제 또 이렇게 지나가 버렸을까. 할머니가 돌아가신 지 벌써 5년이 지났다는 게 믿기지 않을 정도로, 여전히 할머니의 물건들이 많이 보였다.

노트에서 유독 시선이 머무는 장이 있었다. 삐뚤빼뚤한 글씨로 삶이 허망하다는 내용이 적힌 장이었다. 그 글을 읽은 순간 이미 몸이 얼어붙고 눈물이 뿜어져 나오고 있었다. 그렇게 한참 할머니를 떠올리며 눈물을 흘려보냈다. 한 번도 내 앞에서 그런 말을 한 적이 없었지만, 할머니의 가슴 한편에서는 다 해소될 수 없었던 슬픔이 새어 나오고 있었구나. 그 마음을 그렇게 마주한 것만으로도 오랜만에 할머니를 만나고 온 기분이었다. '고모에 관한 영화를 만들고 있어요.' 속으로 할머니에게 말을 건넸다. 어딘가 포근하고 다정한 기분이었다.

<양양>을 만드는 동안 자주 할머니를 떠올렸다. 고모의 남겨진 사진들을 발견했을 때도, 그 사진들을 지도 삼아 고모 친구들을 만나고 고모에 대한 기억과 가족들에 대한 안부를 나눌 때도, 할머니가 내 곁을 맴도는 것만 같았다. 고모 사진을 한 장 한 장 정성스레 사진첩에 남겨 두었던 할머니의 결단이 없었다

면, 나는 이 이야기를 시작할 수 없었을 것이다.

고모의 시집을 찾으려다 발견한 할머니의 노트로부터 할머니의 지난 삶을 떠올렸다. 고모가 태어나고 다시 아빠가 태어날 때까지, 그 몇 년의 시간 동안 할머니는 어떤 마음이었을까. 아들과 딸의 작명 방식부터 달랐던 시절, 딸을 살림 밑천이라고, 출가외인이라고 불러도 모욕이 아니던 시절을 어떤 마음으로 보냈을까.

고모의 이야기로부터 1932년에 태어난 나의 할머니 정삼례와 1959년에 태어난 엄마 최혜선, 그리고 1975년 생을 마감한 고모 양지영과 지금을 살아가고 있는 나를 보고 싶었다. 비록 고모의 시집을 끝내 발견하지 못했지만, 그녀의 시집을 남겨 둘 수 없었던 1975년 이후를 비집고 들어가 새로 틈을 만들고 거기서부터 다른 관계들을 상상해 보려 했다. 그게 여전히 가부장제 안일지라도 말이다.

《오마이뉴스》 기고 글을 보고 홍승은 작가를 알게 되었다. 〈'화목함' 연기한 가족들이 열지 않았던 '이모의 방'〉이라는 그녀의 글을 본 뒤 메일을 통해 그녀에게 인사를 건넸다. 글의 제목만 보아도 나와 비슷한 경험이 있을 거라는 느낌에 만난 적도 없는 그녀가 이미 반가웠다. 그 글을 발견했던 2021년, 나는

〈양양〉 작업을 하면서 종종 위축되고 작아지곤 했었다. '고모'를 이야기하는 것이 어떤 의미인지를 고민하던 나에게 홍승은 작가의 글은 그 어떤 말보다도 커다란 응원이었다.

홍승은 작가의 글에서 '이모'는 얼굴 한 번 본 적 없는 존재이다. 그녀는 '이모'에 대해 분명히 존재했지만, 묻지 않았다면 영원히 알지 못했을 사람이라고 정의한다. 그녀는 '이모'에 대해 알고 말하기를 멈추지 않는다. '이모'를 화제로 삼는 일은 가족들 사이에서도 쉬쉬하는 한 여성의 죽음에 대해, 가족이라는 애도의 공동체에 대해, 금기가 아닌 우리와 무관하지 않은 누군가의 방에 관해 이야기하는 것이기도 하기 때문이다.

> 울프는 '주디스'를 기억하고 나는 '그 방'과 혜자 이모를 기억한다. 내가 혜자 이모를 기억하는 건 우리가 태어날 때부터 환영받지 못한, 삐걱거리는 경험을 공유한 존재이기 때문일지 모른다. 화목하고 밝은 집 안에 자리한 이질적인 방, 누가 열어 보지 못하도록 꼭 잠겨 있던 방, 충분히 애도 되지 못한 죽음이 잠든 방. 그 방에는 혜자 이모가 있고, 주디스가 있고, 엄마가 있다. 조용히 사라진 존재들이 잠들어 있다.[8]

그녀의 글을 읽고 나서 "삐걱거리는 경험을 공유한 존재"라는 말이 오래 마음에 남았다. 우리는 결국 그 삐걱거리는 경험을 그냥 넘어갈 수 없었기에 지금 여기에 있는 걸까. 그 삐걱거림을 알고 있는 이를 만나 마주 보고 싶었다. 한 카페에서 홍승은 작가를 만났다. 그날은 지금까지 내가 〈양양〉을 만들며 고모 친구들을 만나던 날들과는 달랐다. 이번에는 고모가 아닌, 바로 나의 이야기를 하기 위해 만나는 자리처럼 느껴졌다. 우리는 카메라 앞에 마주 앉아 서로의 이모와 고모에 대해, 각자가 잃어버린 그 가족에 대해 이야기했다. 그러고 보니 처음이었다. 고모와 전혀 관련 없는 이에게 고모에 관한 이야기를 들려주고, 그녀의 사진을 보여 주는 것은. 사진첩을 함께 보며 이야기를 나눌 때 우리의 주변으로 사라진 존재들이 조용히 다가와 이야기를 함께 듣고 있는 듯한 묘한 기분이 들었다.

"처음부터 용기를 갖고 있는 사람이 용기 있는 사람이 아니라, 내가 어떤 일을 했을 때 우연히 이게 용기 있는 일이라고 받아들여지면 그렇게 용기의 내공이 조금씩 쌓여 간다는 얘기를 어디선가 들었거든요."

승은 작가로부터 이 말을 듣고 내 안에서 맴돌던 여러 말들이 소용돌이치듯 뒤섞이며 올라왔다. 정말 그랬다. 처음부터 용기를 가지고 이런 이야기를 시작했던 것이 아니라, 우연히 시작한 촬영에 지지와 응원을 보내 준 이들이 있었고, 이후로 용기가 생기기 시작했다. 〈양양〉을 만들겠다고 말했을 때 주변의 반응이 마냥 긍정적이지는 않았다. 굳이 왜 그런 죽음을 이야기하려고 하느냐는 말부터 그런다고 고모가 다시 살아 돌아오지는 않는다는 말까지. 그 말들 속에서 위축되고 쭈뼛거리게 될 때도 많았다. 그날의 대화가 좋았던 이유는 내가 왜 이 이야기를 하고 있는지를 다시 돌아볼 수 있도록 해 주는 시간이었기 때문이다. 고모의 이야기를 자신에게 들려주어서 고맙다는 승은 작가의 말을 들으며, 움츠려 있던 내 마음을 다시 바라보았다.

 그날 찍은 영상이 비록 영화에 들어가지는 못했지만, 영화를 만들다가 길을 잃거나 힘을 잃었을 때 종종 그날의 대화를 떠올렸다. 어떤 가족의 금기가 그 자리에 그대로 머무는 것이 아니라, 그 금기를 깨고 금기의 이유를 되묻는 것에서부터 새로운 서사가 탄생할 수 있다는 것을. 고모는 다시 살아 돌아올 수 없겠지만, 그녀의 이야기는 다른 방식으로 생명력을 얻고 그 이야기가 필요한 이들을 찾아갈 것이다. 그날 승은 작가는 황혜경 시인의 〈누군가〉라는 시를 읽다가 내 생각이 났다면서 그 시가 수록된 시집을 선물로 가져왔다.

  누군가는 누군가의 말에 의해 또 누군가는 누군가의 말이

되고 누군가는 누군가의 말이고 누군가는 누군가가 되어
가고 누군가는 누군가이고

시를 읽는데 이상하게 위로가 되었다. 지금까지 걸어온 모든 여정이 '누군가'라는 말과 함께 널리 널리 퍼지는 기분이 들었다. 우리는 모두 누군가를 떠올리고, 그 누군가를 떠올리는 시간 속에서 그 누군가가 되기도 한다. 한 번도 만난 적 없는 고모이지만, 그녀를 떠올리는 여정 속에서 나의 어떤 부분을 발견하기도 하고 혹은 다른 부분을 발견하기도 한다. 그녀를 기억하는 다른 누군가의 말 속에서 그 누군가를 상상하기도 하고 그러다 다시 내 안의 어떤 마음과 마주하기도 한다. 이 시가 수록된 시집의 제목인 《나는 적극적으로 과거가 된다》처럼 과거는 이미 지나가 버린 것이 아니라, 앞으로 될 무언가이다. 무언가를 끊임없이 재발견하고 재해석하는 과정에서 과거는 되살아나고 다른 누군가에게로 이어진다. 바로 이것이 〈양양〉이라는 영화의 주어가 '고모'가 아니라 '나'가 되는 이유이며, 나아가 무궁무진한 '누군가'를 부르는 이야기이기도 한 까닭이다. 그렇게 나는 '나'로 시작되는 이 이야기에 다시 용기를 내어 보기로 했다.

그날 촬영이 끝나고 승은 작가는 카페에 전시·판매 중이던 채재원 작가의 패브릭 포스터도 선물로 주었다. 〈부서지는〉이라는 제목이었다. 포스터 위쪽에 새겨진 "Beyond Anxiety(불안을 넘어서)"라는 말이 인상적이었다. 작업실 한쪽 벽에 포스터를 붙이고 틈마다 보았다. 부서지는 서로의 마음들이 또 다른 길로 이어지기를 바라며.

3. 아빠에게 보내는 편지

 영화를 만들면서 어느 순간 깨달은 것이 있다. 이 이야기는 고모에 관한 이야기이기도 하지만, 아빠와 나의 관계에 관한 이야기이기도 하다는 것이었다. 만일 졸업을 앞둔 그 겨울밤, 아빠에게 "고모처럼 되지 말라"는 말을 듣지 않았더라면 이 이야기가 시작될 수 있었을까? 처음에는 나 역시도 알지 못했다. 영화를 만드는 여정이 계속될수록 내가 보는 아빠의 모습도 점점 달라지고 있었다.

 편집을 하다가 길을 잃을 때면, 그때까지 촬영된 영상들을 반복해서 살펴보곤 했다. 촬영된 영상들 속에는 그동안 보이지 않았던 순간들이 가득했다. 어떤 때는 그 순간들이 길을 제시해 주는 좌표가 되기도 하고, 내 모습을 보여 주는 거울이 되기도 했다. 막막함과 괴로움 끝의 희열, 다시 이어지는 막막함과 괴로움, 그러다 찾아오는 번뜩임의 연속이었다.

 반복되는 과정 속에서 당황스러웠던 순간이 있었다. 아빠의 인터뷰 장면을 반복해서 보던 날이었다. 의자에 앉아 내 눈을 바라보는 아빠의 모습이 화면에 보였다. 그 모습이 왜 그리도 긴장되어 보였을까. 현장에서 나도 긴장하고 있었던 탓이었을까. 그때는 몰랐었다. 아빠의 움츠린 어깨를, 떨리는 두 손을, 긴장한 눈빛을. 그날 현장에는 카메라 세 대, 커다란 조명 기구 두 대, 촬영팀 두 명이 함께하고 있었다. 좋은 영화를 만들겠다는 일념에 사로잡힌 딸과, 그런 딸을 바라보던 아빠의 모습. 인터뷰에 응하는, 힘이 잔뜩 들어간 아빠의 몸을 화면으로 마주하자 갑자기 눈물이 터져 나왔다. 왜 눈물이 흘러나왔을까? 그 시절 누나를 잃은 고등학생이었던 아빠에게 연민을 느낀 걸까? "고모처럼 되지 말라"는 말을 던진 아빠에 대한 서운함이었을까? 낯선 현장에서도 나를 위해서 애쓰는 아빠에 대한 미안함과 고마움이었을까?

그리고 찾아온 한 가지 깨달음. 이 영화는 결국 사랑에 관한 이야기이구나. 사랑이 뭔지 정의할 수는 없지만, 카메라 앞에 있는 게 잔뜩 긴장되고 불편하지만, 그런데도 앉아서 나를 바라보는 아빠의 모습을 보며 사랑이라는 단어를 떠올린다. 고모와 할아버지와는 나눌 수 없었던 말을, 나는 아빠와 함께 영화 안에서 나누고 싶었구나. 가족 규범 속 아빠와 딸이 아닌, 오랜 시간을 곁에서 함께 보낸 사람들로서 감추고 억눌러 온 이야기를 꺼내 보고 싶었던 거구나. 이러한 깨달음과 함께, 영화 속에서 아빠와의 마지막 장면이 될 촬영을 준비했다. 그 장면은 아빠의 얼굴을 촬영하고 나는 목소리로만 출연하는 인터뷰 형식이라기보다는 아빠와 내가 마주 보고 나누는 대화였으면 좋겠다는 바람이었다. 그리고 그 대화에서 이왕이면 내 마음도 표현하고 싶었다. 어려운 이야기를 꺼내기에는 편지가 좋겠다는 생각이 들었다. 아빠에게 언제 마지막으로 편지를 썼는지 기억도 나지 않았다.

편지의 목표는 두 가지였다. 첫 번째는 지금까지 영화를 만들면서 알게 된 것들을 아빠가 영화를 보기 전에 편지로 먼저 말해 주는 것, 두 번째는 내 마음을 아빠에게 자연스럽게 표현하는 것이었다. 후자가 더 어려웠다. 피하고만 싶었을 〈양양〉 촬영을 한 번도 거절하지 않고 응해 준 아빠에게, 누구에게도 말하지 않았던 누나에 관한 기억을 용기 내어 풀어 준 아빠에게 사랑한다는 말을 꼭 하고 싶었다. 아빠가 먼저 나에게 마음을 열어 주어서 고맙다는 말도. 그 마음 덕분에 여기까지 올 수 있었다는 걸 이제는 너무나도 잘 알게 되었다.

아빠에게

2022년. 새로운 해가 시작되었네요. 고모에 대해 아빠가 처음 말해 줬을 때가 2015년이었는데, 벌써 7년이 지났어요. 돌이켜 보면 7년 동안 많은 일이 있었던 것 같아요. 아빠는 30년 이상 다닌 직장에서 멋지게 퇴직하셨고, 저는 대학원까지 졸업하고 새로운 가정을 이루었네요. 그리고 고모에 대한 다큐멘터리도 만들고 있고요.

지금까지 고모 친구들을 만나 인터뷰를 했는데요, 거기에서 알게 된 사실이 있어서 아빠에게 먼저 말해 주고 싶었어요. 그건 바로 1975년 고모가 당시 만나고 있던 남자친구의 집에서 돌아가신 채 발견되었다는 사실, 그리고 그 남자친구가 최초 신고인이었다는 사실이에요. 고모의 친구들 말로는 고모의 남자친구가 고모를 자주 통제하려고 했고, 언젠가부터 고모는 그 남자친구와 헤어지고 싶어 했대요. 고모 친구들의 이야기를 들으며 저는 고모의 죽음을 단순한 자살로만 보고 싶지 않았어요.

그 뒤 저는 고모의 죽음이 자살이 맞는지, 혹시 타살은 아니었을지 알고 싶었지만, 당시 경찰 조사를 하지 않았기 때문에 그것까지 확실히 알 수는 없었어요. 하지만 분명한 건 고모가 그 남자친구와 여러 번 헤어지고 싶어 했고, 그날도 이별을 말하던 과정에서 죽음을 맞이했다는 사실이에요. 이와 함께, 오늘날에도 이별 과정에서 먼저 이별을 말했다는 이유로 죽음을 맞이하는 여성들이 많다는 것도 이야기하고 싶었어요. 그 여성들 모두 삶을 포기했기에 죽음을 맞이한 것이 아니라, 더 나은 삶을 치열하게 고민했기에 죽음이라는 또 다른 국면을 맞이한 것이었다는 이야기도 아빠와 나누고 싶어요.

다큐멘터리 제목에 관한 이야기를 말씀드렸던가요? 제목은 〈양양〉이에요. 양양은 양지영과 양주연이 만났다는 의미이기도 하고, 양씨 집안의 여자들을 모두 지칭하는 말이기도 해요. 아빠가 2015년, 그날 전화로 저에게 양씨 집안 딸들은 모두 불행했다고 말했던 게 제 마음속에 오래 남아 있었거든요. 그래서 이 이야기는 고모의 이야기이지만, 또 제 이야기이기도 해요.

〈양양〉이라는 영화를 만들면서 저는 1970년대로 돌아가서 고모의 입장에서 생각해 보려고 노력하고 있어요. 작년 3월경, 집에서 아빠를 인터뷰했을 때 아빠가 고모 이야기를 하면 여전히 가슴이 아리다고 말씀하셨던 게 기억이 나요. 아빠를 슬프게 하려고 이 이야기를 하는 건 아니에요. 다만 가족의 비밀이 되어 버린 고모의 삶에 대해 함께 생각해 보고 싶은 마음이에요. 고모의 입장에서, 고모의 목소리로. 언젠가 고모를 만난다고 했을 때 그때 고모의 편이 되어 줄 수 있을지, 고모의 이야기를 들어 줄 수 있을지, 저는 요즘 저 자신에게 묻고 또 묻고 있어요.

이 영화가 거기에 대한 하나의 답이 되었으면 좋겠어요. 그리고 그 답을 찾아가는 여정에 아빠도 함께해 주셔서 감사해요. 저는 고모를 자신의 생각과 꿈을 갖고서 한 시대를 살아갔던 한 명의 여성이자 우리의 가족으로 기억하고 싶어요. 고모의 삶을 기억하고, 남은 우리들은 그 기억을 응시하면서 각자의 시간을 살았으면 좋겠어요.

아빠의 시간을 응원하며,
주연 올림

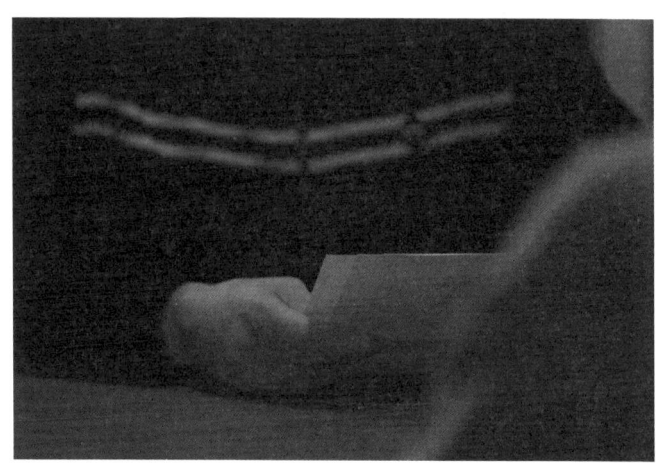
주연이 건넨 편지를 주연 앞에서 말없이 읽어 내려 가는 아빠의 모습.

아빠는 오래된 안경을 쓰고서 말없이 편지를 읽었다. 나는 맞은편에 앉아 가만히 그 모습을 바라보았다. 아빠도 나도 밀려드는 감정을 자연스럽게 표현하는 데 익숙한 사람들은 아니었지만, 편지를 읽는 아빠의 표정 속에서 나는 이미 여러 감정을 읽고 있었다. 반가움과 슬픔, 그리움과 희망. 기쁨과 슬픔은 서로 절대 마주치지 않는 무언가가 아닌, 언제든 포개지고 이어질 수 있는 것임을 안다. 비극의 어딘가에는 희극이 있고, 희극의 어딘가에도 비극이 있는 것처럼, 아빠를 바라보는 내 감정에는 행복과 원망, 사랑과 서운함이 함께 흘러가고 있다. 중요한 건 그 어떤 감정이 들더라도 그걸 외면하지 않겠다는 마음이었다. 불편하지만 시끄러운 가족을, 이 마음과 함께 만들어 가고 싶었다.

"내가 미처 생각하지 못했던 게 여기 들어 있네."

편지를 다 읽고 아빠가 처음 건넨 한마디였다.

"앞선 인터뷰에서 내가 아빠한테 고모가 어디에서 돌아가셨는지 기억나냐고 물어봤을 때 아빠가 잘 기억이 안 난다고 했었잖아."

"그렇지. 나는 병원만 기억하고 있었지. 어디에서 그랬는가는 모르겠는데 병원에 실려 갔었잖아. 응급실에. 그것만 알지. 어디에서 그랬는가도 모르고. 그 당시 나도 정신적으로 충격을 상당히 받았는가 봐. 생각해 보면 내 방에서 거의 안 나오고 있었던 것 같아."

이어서 아빠는 한 번도 들어 보지 못한 마음을 털어놓았다.

"그 남자친구에 대한 분노를 표출한다든가 왜 이렇게 됐을까 하고 원인을 규명하기보다는 그에 앞서서 우리 가족의 분위기가 좋았더라면 일이 이렇게 됐을까, 이런 쪽으로 생각하곤 했지. 가정의 분위기를 좌우하는 핵심 인물이 할아버지였으니, 할아버지가 일을 이렇게 만든 게 아닐까 생각하면서 할아버지에 대한 원망이 그 당시에 상당히 컸지, 아빠도. 근데 그런 마음을 할아버지한테 말하지는 못했어."

처음 들어 보는 아빠의 솔직한 마음이었다. 꺼내기 불편할지도 모르는 그 마음을 나에게 들려주는 아빠가 고마웠다. 편지를 읽고 나서 오간 대화는 서로를 훨씬 더 가깝게 느끼게 했다.

아빠에게 제안을 하고 싶었다. 양씨 가족 묘지의 묘비에 고모 이름을 새롭게 새기면 어떨까 하는 것이었다. 마침 도시 개발로 인해 할아버지, 할머니가 묻힌 가족 묘지는 이장을 해야만 하는 상황이었다. 아빠는 집안의 장남으로서 사명감을 갖고 이장할 땅을 찾았고, 4년 만에 화순의 고즈넉한 어느 산 위를 찾아 둔 상황이었다. 묘를 잘 써야 후손이 잘되고 좋은 일이 생긴다는 믿음을 여전히 가지고 있는 아빠에게, 고모의 이름을 비석에 새기자는 제안이 쉽게 받아들여지지 않으리라 예상했다. 그럼에도 나는 편지를 다 읽은 아빠의 눈을 바라보며 직접 소리 내 제안하고 싶었다. 어려운 이야기이기 때문에 더욱 마주 보고 말하고 싶었다.

나의 제안에 아빠는 매우 당황스러워 했다. 고모의 이름을 새기자는 제안이 갑작스럽기도 했지만, 아빠의 계획에 변화가 생기는 것에 대한 당혹감도 커 보였다. 아빠에게 이 자리에서 답을 주지 않아도 된다고 말했다. 어떤 결론이든 아빠의 답을 존중할 것이라고도 덧붙였다. 그렇게 나도 아빠도 각자의 시간을 갖기로 했다.

광주에서 화순으로 할아버지와 할머니의 무덤이 옮겨지던 날, 먹구름을 품은 하늘은 어두웠지만 비는 한 방울도 내리지 않았다. 수십 년간 자리를 지키던 무덤이 순식간에 굴삭기로 파헤쳐지고 그 앞에 있던 가족 묘비도 뽑혀 나왔다. 기분이 묘했다. 아주 오랜 시간 이어져 왔던 한 가족의 시간이 새로운 국면을 맞이하고 있는 듯했다. 불과 몇 분 전 이장이 시작되기 전까지만 해도 이곳은 가족들이 공손히 예를 갖추던 장소였는데, 이제는 그저 흙무더기 있는 공터가 되어 버렸다. 할아버지는 아버지처럼 광주 전역의 명당을 찾아 헤매다 이곳을 찾아 묘지로 만들었다. 이후로는 명절마다 일가족을 이끌고 이곳에서 가족사진을 찍었다. 증조할아버지의 무덤 앞에 큰돈을 들여 웅장한 묘비를 세우고 향나무를 심어 정성껏 조경을 가꾸었다. 그리고 할아버지는 돌아가시기 직전의 어느 설날, 호스피스 병동에서 부러 차를 타고 와 먼발치에서 제사를 주관하는 아빠를 바라보았다. 할아버지가 세상을 떠나고, 아빠는 장남으로서 할아버지의 뜻을 이어받아 퇴근길에 종종 들러 묘지를 돌봤다. 명절마다 성묘를 했고 해마다 두 번씩 봄과 가을에 벌초를 하는 것도 잊지 않았다. 수십 년간의 가족의 시간이 담긴 이곳이 굴삭기 몇 번으로 허물어지고 있었다.

  새삼스럽지만 이장도 결국 이사와 똑같은 것이었다. 이삿날의 어수선함처럼 이장하는 날도 중장비와 인부들의 소리로 시끌벅적했다. 아빠는 파묘에 대한 행정 절차를 위해 틈마다 사진을 찍느라 분주했고, 작은아빠는 이장 과정에서 하나라도 놓치는 게 있을까 인부들을 채근하느라 정신이 없었다. 엄마와 작은엄마는 제사 음식을 챙겼다. 그 소란한 와중에도 나는 묘비가 신경 쓰였다. 아빠는 나의 제안에 응답했을까?

새로운 매장지에 도착해 할아버지와 할머니의 유골함을 묻고 묘소를 가꾸었다. 그때 이삿짐이 들어오는 것처럼 트럭에 실린 커다란 묘비석이 도착했다. 육중한 묘비는 크레인의 도움을 받아 묘소 앞에 놓였다. 솜씨 좋은 인부들이 긁개로 묘비를 감싸고 있던 포장재를 벗겨 내었다. 그리고 마침내 모습을 드러낸 가족의 이름들. 나의 이름 주연 옆으로 익숙한 한자가 보였다. 지초 지와 옥빛 영.

지금까지의 가족의 시간 속에서 지워져야만 했던 이름, 흔적조차 남기지 않으려고 했던 바로 그 이름, 지영이었다. 그 이름을 지우는 데에는 누구도 쉽게 이의를 제기하지 못했지만, 사라진 이름이 다시 새겨지고 드러나는 데에는 몇 배 이상의 시간과 고민이 필요했다. 자살했다는 이유로, 불명예스러운 죽음을 맞이했다는 이유로, 질문조차 박탈당했던 이름의 귀환이었다. 마치 나와 손을 맞잡은 것처럼 내 이름 옆에 고모의 이름이 새겨진 것이 기뻤다. 지영과 주연. 그 네 글자를 오래도록 바라보았다.

가족 묘소에 나란히 새겨진 '지영(芝瑛)'과 '주연'의 이름.

4. 프로덕션 베이비 용용

 영화 제작이 막바지에 다다랐을 때 문득 '만약 나에게 아기가 찾아온다면 어떨까?' 하고 생각하게 되었다. 가족에 관한 영화를 만들고 있어서 그랬을까, 죽음에 관한 영화를 만들고 있어서 그랬을까. 생과 사의 순환이, 내가 선택한 가족에 대한 책임감과 벅참이, 어느새 나를 새로운 생명에 대한 기대와 상상으로 데려가고 있었다. 아기라니. 결혼할 때만 해도 생각하지도 않았던 존재였다. 내가 선택한 가족과 상상했던 일상 안에 아기라는 새로운 가족은 없었다. 무엇보다 엄마가 된다는 일에 자신이 없었다.

 2021년을 지나오며 마음에 변화가 찾아왔다. 생과 사는 늘 갑작스럽다. 코로나로 인해 사회적 거리 두기가 한창이던 그해 4월 어느 날, 새벽 내내 비가 무섭게도 내리던 날이었다. 작업실에서 늦게까지 작업을 하고 쏟아지는 비를 우산 너머로 맞으며 집으로 향했다. 이른 아침부터 아빠에게 연락이 와 있었다. 외할아버지가 새벽에 하늘나라로 떠나셨으니 광주로 얼른 내려오라는 연락이었다. 믿을 수가 없었다. 불과 일주일 전까지만 해도 웃으면서 외할아버지와 안부 연락을 주고받았는데. 당장 전화를 해도 이제 외할아버지의 목소리를 들을 수 없다는 사실이, 너무도 사랑하는 외할아버지가 더 이상 이 세상에 없다는 사실이 믿기지 않았다. 광주로 향하는 내내 맞벌이 부부였던 엄마 아빠 대신 나를 살뜰하게 돌봤던 외할아버지와의 어린 시절이 머릿속에서 지나갔다.

장례식장에 도착하니 가장 먼저 외할머니의 모습이 두 눈에 들어왔다. 그렇게 힘이 빠져 있는 외할머니는 처음 보았다. 언제나 가족들 앞에서 걱정하지 말라고 큰소리치던 외할머니였다. 그 당당함이 외할머니 곁을 지키던 외할아버지 때문이기도 했다는 것을 새삼 알게 되었다. 외할아버지의 영정 앞에서 고개를 숙이고 있는 할머니의 뒷모습을 바라보며 죽음의 무거움을 실감했다. 4개월 후, 외할머니는 홀연히 외할아버지의 곁으로 떠나셨다. 두 분 모두 1980년에 손수 지었던 집, 총알 자국이 새겨진 바로 그 집에서 편안하게 주무시다 숨을 거두셨다. 오래 산 사람의 죽음을 호상이라고 부른다는데, 사랑하는 이를 잃은 아픔은 어떻게 해도 '좋다'고 표현할 수 없다는 것을 절실하게 느꼈다. 죽음은 당황스럽고, 슬프기만 했다.

그즈음이었을 것이다. 아기를 갖는 일에 대해 생각하기 시작했던 것이. 〈양양〉 작업을 하고 있지 않았다면 달랐을까? 누군가의 죽음에 대하여 강하게 질문하고 있지 않았다면 상황이 바뀌었을까? 그만큼 나는 작업을 하지 않을 때도, 하고 있을 때도 죽음들에 둘러싸인 기분이었다. 죽음만큼이나 죽음과 이어진 생에 대하여 갑작스럽게 떠올릴 때가 많았다. 생과 사의 순환 속에서 이름도 얼굴도 전혀 알 수 없는 한 생명이 문득 궁금해지다 괜히 그리워졌다. 나도 모르는 사이 나는 이미 새로운 가족을 맞이할 준비를 시작하고 있던 셈이었다.

돌이켜 보면 꼭 그 이유가 전부인 것은 아니었다. 고모를 떠올리는 시간이 쌓일수록 나는 어느새 이름도 얼굴도 몰랐던 고모가 익숙해지고 있었다. 목소리를 들어본 적도, 만나본 적도 없는 그녀였지만 이상하게 낯설지가 않았다. "고모처럼 되지 말라"는 말을 아빠에게 처음 들었을 때 분명 고모는 나에게 두려운 존재였다. 사진첩을 발견하고 고모는 호기심의 대상이 되었고, 고모의 사연을 알아 가면서는 안타까운 존재였다가, 이제 고모는 반갑게 인사를 나누고 싶은 사람이 되어 있었다.

고모가 익숙해지고 친근해질수록 지금까지 가려졌던 가족의 시간에 좀 더 가깝게 다가가고 있었다. 할아버지를 향한 원망과 분노를 내게 고백한 아빠의 마음에 대해서도, 비밀과 낙인으로서의 고모가 아닌 고유한 이야기와 존재로서의 고모에 대해서도 말이다. '화목한 가족'을 둘러싼 사회적 시선과 규범으로 작동하는 가족의 시간이 아니라 불편함과 어려움마저 나눌 수 있는 자유롭고 열린 가족의 시간을 떠올리고, 또 그랬다. 그런 관계 안에서라면 나도 얼마든지 새로운 가족을 받아들일 수 있을 것 같았다. 그게 벅차고 기대되었다.

2024년 2월, 새로운 생명이 나와 두현에게 찾아와 준 것을 처음 확인했다. 1년간의 노력에도 쉽지 않은 임신에 애가 타고 있었고, 거의 포기한 상황에서 기적처럼 찾아온 생명이었다. 나도 용띠이고 아기도 용띠라서 아기에게 '용용'이라는 태명을 지어 주었다. 때마침 영화의 완성도 가까워진 시점이었다. 기쁘고 행복한 마음으로 〈양양〉의 마무리와 용용이의 탄생을 준비하게 되었다.

용용이가 뱃속에 머물던 10개월 동안 참 바쁘게 지냈다. 배가 많이 무거워진 막달의 몇 주를 제외하고는 사람들을 많이 만나고, 다수의 촬영 현장에 다녔다. 새로운 생명을 품고서 하고 싶은 일을 할 수 있다는 건 행복한 일이었다. 〈양양〉이 완성된 뒤 영화는 영화만의 운명으로 많은 관객을 찾아갔고, 나는 배안의 아기와 함께 떨리는 마음으로 그 자리에 있었다. 고모가 가족의 시간 속에서 '과거'를 상징하는 존재였다면, 용용이는 나에게 다가올 가족의 '미래'를 상징하는 존재였다.

    그렇게 열 달이 빠르게 지나가고 2024년 10월 14일, 건강한 아들이 태어났다. 아들이라는 것을 안 뒤 기분이 묘하기도 했다. 이제 나는 나와 다른 성별의 존재가 사회 안에서 독립할 때까지 안전지대가 되어 줘야 하겠구나. 한편으로 흥미롭기도 하고, 또 한편으로는 성별이 무의미해지기도 했다. 뱃속에서 열 달 동안 품었던 아기를 품 안에 안는다는 건 엄청난 일이었다. 정말로 나에게 새로운 가족이 생겼다는 게 온몸으로 실감 났다. 매일매일 성실하게 울며 자라나는 아기를 바라보면서 내 앞에 다가온 미래를 생각했다. 가족의 시간은 여전히 흐르고, 생명과 죽음은 교차하고 있음을 절실히 느끼면서.

    용용이와 함께 만들어 갈 또 다른 가족의 시간은 어떨까? 아기를 키우며 나는 매일매일 새로운 시간과 만난다. 용용이라는 새로운 가족이 아니었다면 짓지 않았을 표정을 지으며 앞으로 펼쳐질 시간 속에서도 마주하게 될 우연과 의외의 순간들을 기다려 본다.

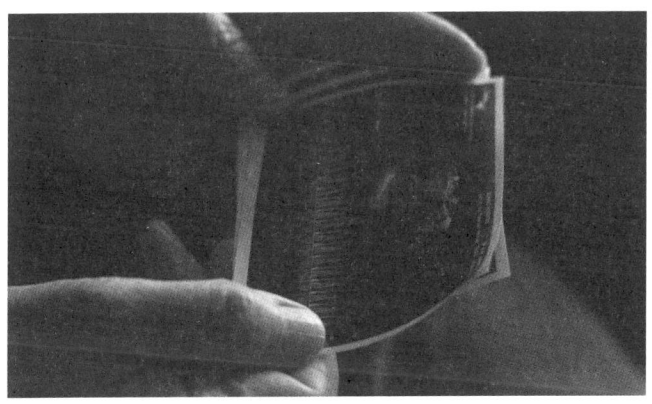

주연이 아빠에게 처음 임신 사실을 알리며 용용이가 보이는 10주 차 초음파 사진을 보여 주는 장면.

5. 고모의 이야기가 시작이 되길 바라며

고모를 찾아 떠나는 여정 속에서 나는 때론 탐험가가 되고, 탐정이 되고, 그리고 조카, 가족이 된다. 아니 어쩌면 아직 나는 이 여정의 끝에 도달하지 못했을지도 모른다. 고모의 이야기가 담긴 상자 옆으로는 여전히 수북하게 쌓인 다른 상자들이, 이름 없이 죽은 여성들이, 비운이라는 고리를 끊어 내지 못한 금기들이 흘러넘치기 때문이다. 도처를 떠도는 그 존재들을 발견하고 이야기를 찾아 헤매는 시간 속에서 여정은 다시 시작되고 이어진다. 드러나지 않았던 존재가 드러나고, 낙인이 찍힌 누군가가 자신의 이름을 되찾을 때 〈양양〉을 통해 내가 꿈꾸었던 세상은 하루하루 넓어질 것이다.

〈양양〉이 헝가리에서 상영되던 2025년 1월, 인상적인 경험을 했다. 관객과의 대화 시간이 거의 끝나갈 무렵이었다. 진행자는 시간이 부족해서 이제 정말 마지막 질문 하나만 받아야 한다고 강조했다. 관객 여러 명이 손을 들었지만, 그중 객석 앞쪽에서 몸까지 일으켜 손을 들고 있는 한 여성에게 눈길이 갔다.

육십 대에서 칠십 대 정도로 보이는 여성이었다. 그녀와 눈을 마주친 우리는 모두 진행자에게 저 여성분에게 마이크를 주면 좋을 것 같다고 말했다. 그녀의 눈빛이 너무도 절실해 보였다. 마침내 그녀에게 마이크가 쥐어졌다. 떨리는 목소리가 극장을 울리기 시작했다.

"저는 이 자리에서 제가 이 영화를 본 소감을 꼭 나누고 싶었어요. 당신들의 영화가 저희 가족안에서 오랫동안 이야기되지 못했던 제 할머니를 떠올리게 했다는 걸 꼭 말하고 싶었습니다. 당신들의 용기가 잊힌 가족을 생각할 수 있도록 해 주었습니다. 진심으로 고맙습니다."

말을 맺은 그녀의 눈에서 눈물이 흐르는 게 보였다. 관객과의 대화가 끝나고 나는 객석에 아직 앉아 있던 그녀를 향해 걸어갔다. 이야기를 들려주어서 고맙다는 말을 전하며 한동안 그녀와 포옹했다. 용기는 다른 용기와 만날 때 더욱 빛나며 강해진다는 걸, 그녀를 통해 배웠다.

고모와 함께 시간 여행을 떠나며 나는 한 번도 살아 보지 못했던 세계를 겪었다. 1953년부터 1975년까지. 고모가 살던 시대는 막막하면서도 흥미로웠다. 알 것 같기도 하면서 전혀 상상조차 해 본 적 없는 일상의 풍경들이 생각 너머에서 펼쳐졌다가 흩어졌다. '고모는 무슨 생각을 했을까? 어떤 마음이었을까?' 이 여정 속에서 내가 가장 많이 던진 질문이었다. 정답은 영원히 알 수 없지만, 질문은 자유니까. 나는 거대한 물음표 같은 흰 도화지를 받아 안고서 하얀색 크레파스를 들고 나만의 질문들로 그 안을 가득 채웠다. 보일 듯 안 보일 듯 빛을 받으면 반짝이는 그 물음표들을 보며 나는 고모와 나만 알 수 있는 신호를 주고받는다. 고모는 어딘가에서 내가 만든 영화를, 내가 쓴 글을 봤을까? 이것마저도 물음표로 남겨 두고서. 나는 결국 물음표와 함께 지내는 삶에 어느 정도 익숙해질 수밖에 없다.

〈양양〉을 만들면서 '사랑'이라는 두 글자는 피할 수 없는 고민거리였다. 사랑이 뭘까. 그건 사랑이었을까, 아니었을까. 근데 정말 사랑이 뭘까. 내가 이렇게까지 사랑에 대해 생각해 본 적이 있었을까. 돌아서서 어떤 마음에 대해 다시 떠올렸던 적이 있었을까. 나는 그렇게 사랑에 대해 한참을 생각했다. 피하고 싶은 불편한 이야기였지만, 딸의 요청으로 어쩔 수 없이 자신의 마음을 풀어 내기 시작한 아빠의 마음에 대해. 고모의 남은 물건들을 모두 불에 태워 없앴지만, 그녀의 사진만은 앨범에 한 장 한 장 정리해서 남겨 둔 할머니의 마음에 대해.

고모가 남긴 타고르의 시집에는 시를 필사한 흔적이 있다. "속아 넘고 지칠 대로 지쳐 갖고 나는 돌아온다. 나는 돌아왔다. 그것은 다만 영혼만이 닿을 수 있는 것이다." 고모의 물건들은 고모 대신 그 자리에 남아 여전히 어떤 말을 하고 있는 듯 보였다. 타고르 시집 옆으로는 어느 강인해 보이는 여자 주인공 그림이 표지로 그려진 소설책 《테스》도 있었다. 그 소설을 읽으며 고모는 비련의 여자 주인공에게 공감했을까? 소설책 옆에는 고모의 중학교, 고등학교, 대학교 교지들과 고모의 글씨가 빼곡하게 채워진 일본어 문제집이 있다. 고모가 직접 쓴 시도, 일기도 찾아내지 못했지만, 메모와 밑줄 들은 그 자리에 남아 고모의 생각과 존재를 드러내고 있었다.

2021년에 처음으로 고모에게 썼던 편지를 다시 꺼내 본다. 처음으로 고모에게 편지를 쓰던 순간, 어떤 말을 꺼내는 게 좋을지 고민했던 기억이 선명하다. 이 책을 마무리하는 지금, 다시 그 순간을 떠올려 본다. 우리의 미래는 아직 당도하지 않았

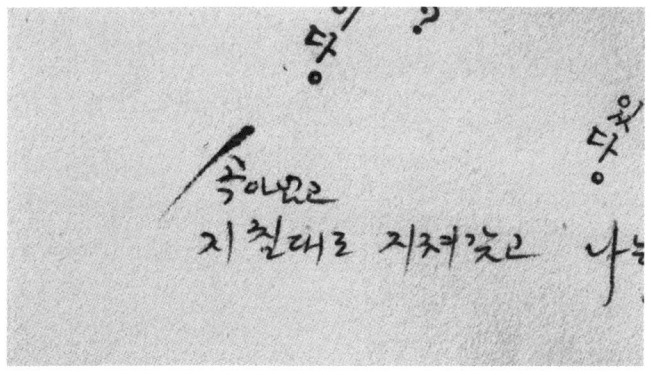

고모의 물건인 타고르의 시집 한쪽에 적힌 고모의 글씨.

지만, 현재를 인도하는 과거가 있는 한 앞으로 조금은 다른 미래에 도달할 수 있지 않을까? 답장을 기다리지 않는 편지를 마지막 인사처럼 띄워 본다.

고모에게

고모에게 처음으로 말을 걸어요.

저는 가끔 고향에 와서 부모님과 시간을 보내고 있어요. 아빠와 고모 이야기를 나눌 수 있다는 건 우리 가족에게 작지만 아주 큰 변화예요. 아빠는 여전히 그 자체를 불편해하기도 하지만, 어떨 때는 저에게 불쑥 고마움을 표현할 때도 있어요.

그리고 저는 아이를 가졌어요. 엄마가 되는 건 여전히 두려운 일이지만 저는 이 아이와 함께 불편한 이야기도 나눌 수 있는 시끄러운 가족을 만들어 가고 싶어요.

고모를 알아 갔던 특별한 여정을 통해 저는 사라질 수 없는 수많은 여성들의 존재를 알게 되었어요. 저와 그녀들이 자신의 이름으로 살아갈 수 있는 세상이 더 가까워지면 좋겠네요.

고모 이야기가 그 시작이 되길 바라며,
당신을 그리워하는 조카 주연.

고모의 대학 시절 사진이다. 고모는 자신의 키보다 더 큰 갈대를 한 손으로 잡고서 정면을 바라보고 있다. 고모의 뒤로는 울창하게 자란 나무들이 보인다. 살짝 몸을 기울인 자세의 고모 모습이 마치 춤을 추듯 당차고 자유로워 보인다.

에필로그

터져 버린 세상에 남아

만약 한 여성이 자신의 삶에 대해 진실을 털어놓는다면 어떻게 될까?

아마 세상은 터져 버릴 것이다.

뮤리엘 루카이저, 〈케테 콜비츠〉 중

작업이 막힐 때, 종종 시인 뮤리엘 루카이저의 문구를 떠올렸다. 삶에 대한 한 여성의 진솔한 이야기가 세상을 터져 버리게 할 수도 있다는 말. 어딘가 위안을 주는 그 말을 붙잡고서 숨을 고르며 작업을 돌아본다. 그래, 고모의 삶을 이야기하는 것은 결국 그녀의 삶이 이야기될 수 없던 세상을 무너뜨려야만 하는 일이지. 내가 지금 살아가는 세상은 고모의 존재를 비운의 죽음으로만, 불명예스러운 존재로만 머물게 한 곳이기도 했다. 나는 그곳에서 첫째 딸로 태어나 감정을 자연스럽게 드러내는 방법보다 가족에 대한 책임감을 먼저 학습해야만 했고, 늘 모범적인 착한 딸이 되고자 노력했다. 나와 고모, 우리의 삶을 이야기하는 것은 곧 터져 버릴지도 모르는 세상에 대한 최후의 증언이자 새로운 세상을 향한 공동의 제안이기도 하다.

〈양양〉의 촬영은 과거를 들여다보는 일이었다. 1932년 태어난 할머니 정삼례는 첫째로 딸인 고모를 낳았다는 이유로 아들인 아빠를 낳을 때까지 죄인처럼 숨죽여 지냈다. 1959년 태어난 엄마 최혜선은 공부를 잘해 수학 선생님이 되었다. 엄마와 아빠는 부부 교사였지만, 퇴근 후에 홀로 저녁 준비를 해야 하는 사람은 엄마였다. 1975년 세상을 떠난 고모 양지영은 남자 친구 집에서 죽은 채 발견되었다는 이유로 가족 안에서 지워져야 했다. 1988년생인 나는 결혼을 할 때, 아이를 가질까 고민할 때 행복만큼이나 잃게 될 것들을 떠올렸다. 아내와 엄마라는 역할이 내 이름을 뺏어가지 않을지 두려운 마음이었다.

각기 다른 네 사람의 삶이지만 연결되어 있다는 생각이 들었다. 나와 고모, 그리고 사라졌던 여성들의 자리를 찾기 위해서, 나는 가족 안에서부터 기꺼이 불편한 이야기를 꺼내고 싶었다. 그리고 이 이야기로부터 '터져 버린' 미래를 상상하고 싶었다. 그 세상에서 여성들은 여성이라는 이유로 밀려 나거나 잊히지 않는다. 여성이라는 이유로 누군가와 불평등한 관계를 맺을 필요도 없고, 억울한 죽음을 맞이할 이유도 없다. 딸로 태어났다는 이유로, 아들이 아니라는 이유로 가족 안에서 달라지는 차별

받지 않는다.

 그 누구도 헤어지자고 먼저 말했다는 이유로 죽음을 맞이하지 않는다. 한쪽이 관계를 중단하고 싶으면 언제든 자유롭게 서로에게 이야기하여 존중하는 이별을 맞이한다. 어떤 죽음도 낙인이 되지 않는다. 누군가 이유를 명확히 알 수 없는 죽음을 맞이했다는 이유로, 스스로 목숨을 끊었다는 이유로 쉽게 낙인이 찍히거나 수치스러운 것으로 이야기되지 않는다. 누군가의 삶도, 죽음도 당사자의 의사와 무관하게 쉽게 가려지거나 비밀이 되지 않는다.

 언젠가 정말로 도래할지도 모를, 하지만 지금은 아득하기만 한 미래를 혼자서 떠올린다. 한 여성의 삶을 이야기한다는 것이 새로운 세상과 이어질 수만 있다면. 그 세상과 함께 나는 매일매일 새롭고 익숙한 용기를 이어 갈 것이다. 용기는 지나온 시간과 함께 생겨나고, 다가올 시간을 향해서 걸어간다. 용기를 낸 만큼 새로운 세상이 올까? 지금 확실한 한 가지는 내 앞에 놓인 세상 속에서 이제 더 이상 고모는 금기의 존재로 머물러 있지 않는다는 것이다.

 내가 발견한 고모 시의 제목이 '상념 이전'이었다는 사실을 종종 떠올린다. 지난 7여 년간의 여정을 상징적으로 보여 주는 제목이기도 했다. 원작자는 '상념 이전'의 세계를 염원하며 무언가를 적었지만, 후대에 그 글을 찾은 자는 영원히 알 수 없는 그 내용을 추측하면서 '상념'에 빠지는 상황. 돌이켜 보면 고모의 흔적을 지도 삼아 그녀의 존재를 알아 갔던 여정은 답이 없는 질문을 붙잡고 있어야만 하는 상황의 연속이었다. 고모는 이런 걸 좋아하던 사람이었을까, 싫어하던 사람이었을까? 할아버지와의 관계에서 벗어나고 싶어 했을까, 아니면 그 관계에서 주어지는 안정과 보호에 만족해하기도 했을까? 사랑에 대해서는 어떤 마음이었을까? 시를 쓸 때는?

끝없는 질문들 속에서 결국 내가 마주해야 하는 삶은 바로 나 자신이 될 때가 많았다. 고모의 이야기를 거울삼아 지나온 시간을 다시 보고, 양씨 집안의 딸로 태어났다는 공통점 속에서 우리의 삶을 다시 돌아보는 것. 괴롭지만 행복하고, 어렵지만 재미있던 그 과정에서 나는 내 삶을 바라보고 인정하고 이야기하는 법을 배웠다. 나를 작아지게 만들었던 기억에 잠식되지 않으면서도 그 기억을 부정하지도 않는 방법. 그걸 겪게 했던 세상을 인정하지만, 동시에 더 이상 그런 경험이 존재할 이유가 없는 새로운 세상을 상상하는 일. 나에게 고모를 기억한다는 것은 곧 새로운 세상을 꿈꾸는 일이기도 했다.

동시에 그건 가족의 시간을 다시 쓰는 여정이기도 했다. 그 시간은 오랫동안 내게 익숙하다는 이유로, 혹은 새삼스럽다는 이유로 외면하고 있던 시간이었다. 나는 언제나 집회에서 큰 목소리로 '성평등'을 외칠 수 있었지만, 정작 집으로 돌아오면 나를 둘러싼 관계 안에서 그 구호를 일상의 언어로 바꿔 나가기가 쉽지 않았다. 고모의 존재를 발견하고 알아가는 여정은 외면하고 있던 가족의 시간을 돌아보고 새로운 일상을 꿈꾸는 일이기도 했다. 이제 나는 잊힐 수밖에 없었던 고모가 아니라, 누구보다도 치열하게 자신의 삶을 살아갔던 양지영을 떠올린다. 어떤 존재가 당연한 듯 잊히지 않고, 기억되며 함께 흘러갈 수 있는 가족의 시간을 살고 싶다.

  고모가 더 이상 금기가 아니라, 반짝이는 삶을 살았던 존재로 다가왔을 때 나는 내 곁에 다가올 또 다른 가족을 떠올릴 수 있게 되었다. 용용이었다. 한 번도 상상해 보지 않았던 새로운 가족의 시간이었다. 불안과 외면, 슬픔과 그리움으로 흘러왔던 그 시간 속에서 아주 작은 빛으로 반짝이던 새로운 생명이기도 했다. 그건 마치 내 앞에 곧 펼쳐질 미래의 문턱처럼 느껴지기도 했다. 저 문을 통과하고 나면 이제 내 앞에 뭐가 보일까? 또 어떤 일상이 펼쳐지게 될까? 어쩌면 새로운 세상은 한 번에 도달하게 되는 종착지가 아니라, 일상 안에서 계속해서 만나게 될 수없이 많은 문턱들을 통과하면서 만들어지는 세계가 아닐까? 오늘 내게 보이는 바로 앞의 문턱. 일단 이 문턱을 넘을 것인가,

아니면 모른 척 다른 방향으로 몸을 돌릴 것인가? 새로운 세상으로 가는 길목에서도 여전히 질문을 멈추지 않는다.

주

1부 3장
1. 전혜진, 《여성, 귀신이 되다》, 현암사, 2023, 15쪽.

2부 2장
2. 《동아일보》, 〈수치심자극에 여대생 자살〉, 1974년 10월 1일 자.
3. 《동아일보》, 〈죽음을 택한 여대생의 항의〉, 1963년 6월 12일 자.

3부 7장
4. 《BBC》, 〈연인을 살해하는 남성의 '8단계 행동 패턴'〉, 2019년 8월 31일 자.
5. 《오마이뉴스》, 〈교제살인 판결문 108건 분석〉, 2020년 11월 9일 자.
6. 《페미사이드: 여성혐오 살해의 모든 것》, 다이애나 E. H. 러셀, 질 래드퍼드 엮음, 전경훈 옮김, 책세상, 2018, 24~25쪽.

4부 1장
7. 《동아일보》, 〈현해탄 격랑 중에 청년 남녀의 정사〉, 1926년 8월 5일 자.

2장
8. 《오마이뉴스》, 〈'화목함' 연기한 가족들이 열지 않았던 '이모의 방'〉, 2019년 9월 17일 자.

추천의 말

"고모처럼 되지 말라." 아버지의 한마디와 함께, 존재도 몰랐던 고모가 양주연의 삶 속으로 들어온다. 이 모든 이야기의 시작이다.

어느 집에나 구전되는 '이름 없는 여자'의 이야기가 하나쯤 있다. "고모처럼 되지 말라" "너만 알고 있어라" "몸가짐을 조심하라" 등의 말을 타고 은밀하게 전해지는 이야기들. 그 주인공들은 대체로 여자에게 기대되는 덕목을 위반하고 가족에게 수치를 안겼다는 이유로 가계도에서 지워진 자들이다. 여자의 정체성, 섹슈얼리티, 죽음에 낙인을 찍음으로써 가족은 사회가 그어 놓은 '정상성'의 경계 안에 머물고자 한다.

"고모처럼 되지 말라." 우리가 이 말을 조용히 수용하는 순간, 그것은 우리 몸에 달라붙어 여자의 삶을 단속하고 이를 그림자 속으로 밀어 넣는 강력한 명령이 되어 버린다. 그러나 양주연은 침묵하지 않는다. 운명처럼 찾아온 존재의 의미를 되묻기 위해, 그는 앙상하면서도 거대한 문장 속으로 파고들어 간다. 그리고 마침내 '이름 없는 여자'의 이름을 찾아낸다. 양지영. 고모의 이름이다.

《양양》은 양지영과 양주연, 두 이름을 겹쳐 부르는 말이자 '익명 속에 머물러 있는 여자들을 부르는 말'이다. 작가는 고모의 삶에 숨을 불어넣음으로써 지워졌던 양씨 집안의 가계도를 다시 그리고, "고모처럼 되지 말라"는 경고를 "고모를 기억하라" "이름 없는 여자들을 기억하라" "여자들의 죽음을 기억하라" 그리하여 "여자들의 생을 기억하라"는 초대로 바꾸어 낸다.

양주연의 용감한 초대에 응해 보시기를 권한다. 망각의 형벌이 생동했던 존재를 축하하는 제의로 바뀌는 순간, 무언가를 제대로 기억하기 위한 노력이야말로 산 자들이 서로를 사랑할 수 있는 조건이 된다는 사실을 확인하실 수 있을 것이다.

손희정_문화평론가 ·《손상된 행성에서 더 나은 파국을 상상하기》저자

양양

ⓒ양주연, 2025

초판 1쇄 인쇄 2025년 10월 20일
초판 1쇄 발행 2025년 10월 31일

지은이 양주연
펴낸이 유강문
편집2팀 김지하 이윤주
마케팅 김한성 조재성 박신영 김애린 오민정 우지윤

펴낸곳 ㈜한겨레엔 www.hanibook.co.kr
등록 2006년 1월 4일 제313-2006-00003호
주소 서울시 마포구 창전로 70(신수동) 화수목빌딩 5층
전화 02-6383-1602~3
팩스 02-6383-1610
대표메일 book@hanien.co.kr
ISBN 979-11-7213-332-0 03810

※ 책값은 뒤표지에 있습니다.
※ 파본은 구입하신 서점에서 바꾸어 드립니다.
※ 이 책의 일부 또는 전부를 재사용하려면 반드시 저작권자와 ㈜한겨레엔 양측의 동의를 얻어야 합니다.